Christine Lavant
Die Schöne im Mohnkleid

Christine Lavant

Die Schöne im Mohnkleid

Erzählung

Im Auftrag des Brenner-Archivs (Innsbruck)
herausgegeben und mit einem Nachwort
versehen von Annette Steinsiek

OTTO MÜLLER VERLAG

ISBN 3-7013-0928-0
© 1996 Otto Müller Verlag, Salzburg/Wien
Satz: Fotosatz Rizner, Salzburg
Druck: Druckerei Roser, Salzburg
Umschlaggestaltung: Leo Fellinger

INHALT

Seite

Die Schöne im Mohnkleid 7

Zu Textgestalt und
Textgeschichte 110

Nachwort 116

Ich möchte für Ingeborg etwas schreiben. Nicht irgendetwas, sondern einige Worte voll Sorgfalt, Wahrhaftigkeit und voll jenes trotzdem möglichen Glanzes, darin armes Alltägliches nicht weniger edel zur Geltung kommt als etwa ein Stück Schmuck in dem auf es gänzlich abgestimmten Behältnis aus Samt oder Seide.

Ingeborg fürchtet die Armut. Ich vergesse ihre entsetzten Augen nicht, als sie diesen mir so geläufigen menschlichen Zustand „furchtbar" nannte. Sicher fehlte nicht viel, und sie hätte das Wort „Geißel Gottes" gebraucht. Natürlich wäre sie damit im Recht gewesen, aber auch jene sind im Recht, welche annehmen, daß Gott die liebt, die er züchtigt.

Da wir eine sehr ernsthafte Freundschaft vorhaben, ist es notwendig, in Ingeborg diese Furcht wenigstens zu mildern, denn ich bestehe aus lauter Stücken purer Armut. Nun handelt es sich also darum, diese Stücke zu reinigen und den ihnen innewohnenden Glanz zur Geltung zu bringen... Keine leichte Arbeit für eine gänzlich ungeübte Hand –

und ich gebe zu, daß es eines Fachmannes bedürfte; – man müßte Lehrzeiten hinter sich haben, in denen keine einzige Stunde versäumt worden ist. Und nicht zu vergessen, das angeborene Talent! Möglich, daß ich einiges davon habe, aber dafür sind leider viele Stunden versäumt worden. Versäumt an nichtssagende kleine Lieder, eigentlich im Grunde nicht mehr als abgeleierte ernstlose Klagen, für niemanden bestimmt, von keinem erhört, eben nur abgetan, wie irgendeine andere Notdurft. Und dann die läßlichen Stunden vor dem Spiegel!... Wer kennt sie nicht, diese Abendstunden des Lebens, in denen das Licht jene ganz bestimmte Halbheit erreicht, die nötig ist, um jenen Zustand zu erreichen, der es einem möglich macht, auf sich selbst wie auf einen Zweiten zuzugehen. Ach, und wieviel Mühe und Aufwand dies immer wieder erfordert! Ich wenigstens erinnere mich, oft ein solch immenses Ausmaß an Kräften hierfür verbraucht zu haben, daß es mich hinterher dann wunderte, mein Herz noch schlagen zu hören.

Nicht zu vergessen, ich schreibe das für

Ingeborg, deren Leben auch an jenen Grenzen verläuft, die mit der dunklen, aber verführerischen Markierung der Gefahr versehen sind. Den man liebt, möchte man stets vor Gefahr und Erfahrung bewahren... Man *möchte!*... Ingeborg, du Schöne, – dies alles zählt noch zu den Versäumnissen, mit denen ich mich um die Kräfte gebracht habe, die einen Talentierten erst zu einem richtig Ausübenden machen, zu einem Fachmann für die Erhaltung der echten, wertvollen Armut. Und es ist leider notwendig, dir dies zu sagen, damit du am Ende dem unzulänglichen Stückwerk genügend sanfte, verständige Geduld entgegenbringst. Ich möchte nicht, daß du meinst, es würde dir leichtfertig ein Abfall als Geschenk angeboten; es könnte dies dich, die der vorzüglichsten Gaben würdig ist, mit Recht verletzen. Aber wenn ich dich vorher zur Einsicht bringe, wenn es mir gelingt, dich zu überzeugen, daß in Wahrheit *vollendet Heilige* dazu notwendig wären, die Armut gerecht zu preisen, dann wirst du nicht nur Einsicht, sondern auch Nachsicht haben und das Gebotene so von mir nehmen, wie man von Kindern zu Geburtstagen oder Heiligen Abenden die ersten stummen, verstümmelten, naiven Zeichenblätter entgegennimmt, auf denen mit billigem Farbstift ein Herz oder eine Blume gemalt ist... Du hast Kinder. Allerdings – ich weiß nicht, ob es in deinen viel kultivierteren Kreisen vorkommt, daß Kinder so schenken, aber ich kann es mir gut vorstellen, daß du ein oder das andere Mal, zum Muttertag zum Beispiel, nichts als ein Blatt Papier mit einem ungeschickt gezeichneten Herzen bekamst, in welchem mit den ersten und so schwer erlernten Buchstaben die Worte: „Für Mutti!" standen... Nichts sonst... Kennst du das? Oder kannst du es dir wenigstens ausdenken, daß Kinder solches wie Könige verschenken, mit Ernst und Würde und dem Gefühl, etwas ganz Großartiges aus der Hand gegeben zu haben... Begreifst du?... Ich meine schon. Und deshalb – wenn mir auch, da ich kein Kind mehr bin, das königliche Gefühl der Großartigkeit und Würde abgeht, so fehlt mir doch auch die verhindernde Furcht, du könntest über meine so unvollkommene Gabe ins

Lachen kommen. Lächeln darfst du. Ja, dies gerade möchte ich, daß du lächeln könntest endlich im dir noch so fremden und befremdenden Anblick der Armut... Doch ich greife vor. Ich bin ja noch nicht entschuldet, bis ich dir nicht gesagt habe, bis zu welchen Zerstreuungen ich mich verstiegen habe und wo meine Kräfte herumirren, die ich eigentlich alle dazu hätte verwenden müssen, um so heilig zu werden, als man es sein muß für die vollendete Herz-Zeichnung, darin groß und steil die Worte: „Für die Armut!" stehen... Wenn man über dieses Wort nachdenkt – und wie oft habe ich dieses getan! –, dann kommt man zu allerlei vielleicht richtigen, vielleicht aber auch verwegenen Schlüssen. Manchmal zum Beispiel meinte ich, es käme davon, daß man im Zustand der Armut arm an Mut wäre. Nämlich arm an *jeglichem* Mut. Aber wenn ich an meine Mutter denke, die in den allerbittersten, versorgtesten Stunden, wo sie selbst vor uns Kindern das Weinen nicht mehr in sich behalten konnte, doch noch so unbeschreiblich viel strahlenden Mut in ihren Augensternen hatte, dann komme ich von dieser Erwägung ganz und gar ab. Mehr Berechtigung – ach, wie nimmt sich dieses Wort hier kühl aus, wo sich doch alles um Gnade und nichts sonst als Gnade handelt, aber immerhin, sagen wir, mehr Berechtigung – hätte es vielleicht anzunehmen, daß Armut „Der Arm der Mutter" bedeutet. Denn: – sie hüllt ein, sie verschwistert und bleibt unentwegt treu, läßt sich durch keinen Verstoß abwendig machen, züchtigt und tröstet, bettet und weckt und tut überhaupt alles, damit ja nichts Fremdes Hand an ihre Kinder legen kann. Also nehmen wir an, daß in meiner späteren Herzzeichnung das Wort dieser Bedeutung entsteht.

Aber Ingeborg, – ich schulde dir, nein mir, noch die vergeudeten Stunden. Fürchte nicht, daß ich sie nun alle vor dir aufstehen lassen würde. Zu so großem, unnötigem Aufwand fühle ich mich ja gar nicht mehr im Stande, müde wie ich nach allen Verstiegenheiten bin, aber es wird genügen, die Schuld und Gefahr dort aufzuzeigen, wo sie ihren Höhepunkt erreicht hatte. Deine Augen sind gewohnt zu sehen und deine Ohren zu hören.

Das Vibrieren deines Mundes vor bloß Angedeutetem zeigt, wie sehr du gelernt hast, dein Herz auch auf Unbekanntes zugehen zu lassen. Ich bin in vielem getröstet, wenn ich mir dein Gesicht in jeder der so innig zu allen Veränderungen bereiten Linien vorstelle.

Denke: – Es ist eine von jenen Abendstunden des Lebens, wo die Sonne nicht mehr und die Sterne noch nicht sind. Man steht in jenem Mittelpunkt von Verlassenheiten, aus dem die Strahlungen des Ichs fortgeschleudert werden, gleich jenen geheimnisvollen Waffen der Wilden, von denen man liest, daß sie nach einem fast unergründlichen Gesetz von selbst wieder an ihren Ausgangspunkt zurückkehren. Ein schlechter Vergleich im Grunde – zumindest muß nachgetragen werden, daß diese Strahlen nicht Wehr-Waffen sind, sondern schlechthin Waffen, welche ihrem Gesetz entsprechend einfach etwas treffen müssen. Da nun aber in diesem absolut geschlossenen Kreis von Verlassenheit kein einziges Gegenüber und also auch kein Gegner möglich ist, so kehren die Waffen noch ungebraucht und begabt noch mit allen

Kräften zu verletzen an den Ausgangspunkt zurück und treffen diesen und üben sich daran. Begreifst du jetzt das einfache aber treffliche Wort „Selbstzerstörung" –?...

Du warst einmal – wenigstens für die Dauer einer Viertelstunde – bei mir; nehmen wir an, du hättest damals alle Verelendung wahrgenommen. Den Staub überall, die Spinnweben, die ungeputzten Fensterscheiben und den ungereinigten Fußboden. Nehmen wir überdies noch an, du Hörende und Sehende hättest mehr darin wahrgenommen als bloß eine landläufige Trägheit und Gleichgültigkeit äußeren Dingen gegenüber, welche Halbtalentierte so gern mit dem großen Wort „genial" verwechseln. Ich gehe von der gewagten Voraussetzung aus, daß du damals schon begriffen hättest, wie man aus Furcht und Ekel vor Staub und Schmutz so schwach und mutlos werden kann, daß man einfach nicht im Stande ist, die Hand dagegen zu rühren. Vielleicht ist es dir auch ohne Erfahrung möglich zu bedenken, wie ein Leben sich in einem Raum täglich abspielen muß, worin mindestens zehn Dinge auf einen Platz zusammengedrängt werden müssen, auf welchem eigentlich nur für ein einziges kleines Ding Raum wäre. Wie man Furcht hat, diese aus Unwillkür gewordene „Ordnung" (Unordnung kann man nicht sagen, weil ein aus Notwendigkeit hervorgegangener Zustand nie unordentlich sein kann!) mit irgendeinem Handgriff zu stören. Man bebt, die Dinge könnten bei jeder Berührung auf einmal daraufkommen, daß sie Vergewaltigte und Eingesperrte sind, ein – verzeih mir das Wort! – „Volk ohne Raum". Wäre es da nicht möglich, ja sicher, daß sie plötzlich in Haß und Feindseligkeiten ausbrächen, gegeneinander, gegen den Kerkermeister, gegen alle Welt... Also gut, es bleibt dabei, daß man nicht daran rührt, um nicht Feinde um sich zu haben, aber glaube mir, es atmet sich schlecht in solcher Luft, und man bekommt am hellen Tage oft das Alpdrücken. Es wird Abend dann oft, unbekümmert, ob draußen Sonne, Vögel, Wind, Blumen sind. Vielleicht hat man sich aus einer nicht mehr ertragbaren Schwäche heraus zu Bett gelegt, irgendein altes Stück Kleid so über das Bettholz geworfen, daß man nichts mehr sieht und die Fliegen – Fliegen gehören zu so einem Raum wie Vögel in einen Garten – empört nach dem Zugang in das ihnen so zur Belästigung verlockende menschliche Gesicht suchen... Man hat Furcht. Das ist vielleicht auch die einzige Kraft, die einen noch nicht verlassen hat. Nun verwendet man sie eben so gut als möglich zu einem Ausweg. Man liegt also im Bett, das steht fest, man hat nicht mehr die Kraft, über die Stiege zu gehen und das Haustor zu öffnen. Also wie?... Auf einmal weiß man es, denn der menschliche Geist ist unendlich erfinderisch, wo es um die nackte Selbsterhaltung geht. Niemand hat es einem gesagt, niemand gelehrt, aber trotzdem weiß man es nun doch, daß man sich zu teilen hat. Zuerst verändert man ein weniges den Rhythmus des Atems. Verzeih, aber ich kann dir das nicht beschreiben, da der Verstand hier so wenig beteiligt ist wie dann, wenn man den Rhythmus eines Gedichtes in sich aufkommen fühlt. Es wird einfach etwas anders, die Summe seines Selbstes vermindert sich, teilt sich. Wohl liegt man noch hier, nichts hat man davon forttun können, Kopf, Schultern, Hände, der Leib, alles, was dazugehört, um wirklich in einem Bett liegen zu können, ist noch da, aber indessen geht man längst schon draußen herum, irgendwo, vielleicht an der Ziegelei vorbei in den schütteren Fichtenwald mit den vielen von der Sommersonne aufgetanen Zapfen am Boden, die ein so gutes und billiges Heizmaterial geben. Aber diesmal handelt es sich nicht darum, nein, es bleibt dabei, daß man trotzdem unter jedem Baum weiter sucht, immer wieder die Luft streng und prüfend einnimmt, um ja den gewissen Geruch, nach dem es einen wie nach einem Himmelsbrot verlangen läßt, gleich zu gewahren. Vielleicht weißt du schon, was ich meine? Wir sprachen schon darüber, und du warst gütig genug, mir zu versprechen, nicht ins Lachen zu kommen, wenn ich dir eines Tages – wie eine Liebende fast – einen Strauß Muttergottestränen brächte. Darum also geht es! Um diese kerzenhaft schlanken, steilauf blühenden, weißen, wilden Orchideen. Und da es um diese geht, und da die Ebene, auf der sich alles abspielt, eine völlig unwirkliche ist, so ist es gewiß, daß man letzten Endes, ganz unbeeinflußt von der herrschenden Jahreszeit, diese Blumen schließlich findet. Nun ist etwas getan, aber ein sehr Geringes erst. Bis jetzt ist noch nichts bewiesen, kann alles bloß noch ein Traum oder ein eingeredeter gedanklicher Vorgang sein, womit ernstlich ja nichts erreicht wäre. Nun beginnt die Entscheidung. Es gibt zwei Wege, einen leichten und einen schweren. Der leichte wäre der, jetzt mit den Blumen weiterzugehen, den schönen und längst so lieb und kostbar gewordenen Weg in das Haus mit dem Balkon und dem wehenden Vorhang, hinter welchem eben du vielleicht stehst, um nach deinen Kindern oder den Blumen des großen Gartens zu sehen. Wie gesagt, dies wäre leicht, aber es würde nichts beweisen. Hier aber geht es um Beweis. Also wählt man den zweiten, den schweren und fürchterlich gefährlichen Weg. Höre Freundin, man geht nun, so mit den Blumen in der Hand, wieder denselben Weg zurück, tritt aus dem Wald, nimmt genau den ewig trüben Lehmtümpel, in welchem abends die Unken schreien, wahr, sieht vor der Ziegelei die Lastautos stehen, riecht das Unangenehme ihres Auspuffs, hört Kinder im Spiel schreien, bleibt wohl auch ein wenig stehen, um zu sehen, welches von ihnen zuletzt den Ball behalten würde, und umgeht dann wie immer voll Sorgfalt das Dorf, darin man auf eine so elende Art erwachsen worden ist. Ich darf nicht vergessen zu sagen, daß es bei jedem Schritt, mit welchem man sich sich selbst nähert, schwerer und gefährlicher wird. Es kann sein – und kommt auch sehr häufig vor –, daß man schon bei dem schmalen Ackerrand, auf welchem man auf das kleine Haus zugeht, versagt; dann ist für das eine Mal alle Mühe umsonst, und man muß später, wenn man wieder genug Furcht in Kraft umgesetzt hat, alles von vorne beginnen. Aber, manchmal gelingts. Man stirbt fast dabei, aber es gelingt soweit, daß man die Haustüre öffnet, die Stiege heraufkommt – jeder Schritt ist eine alleräußerste Anstrengung, und man tut gut, die Rilke-Zeile: „O Magier halt aus! Halt aus! Halt aus!!" zu sagen. Wenn man es also aushält, dann bezwingt man Stufe für Stufe, gelangt schließlich vor die eigene Zimmertüre, wo immer angebrauchte, schmutzige Schuhe herumstehen und die schwarze Katze der Hausfrau ewig lauernd auf der Türschwelle hockt. Für gewöhnlich liebt man diese Katze keineswegs, nein, sondern man fürchtet und verabscheut sie fast, aber jetzt ist es doch so, daß man ihr Dasein kaum für das eines Engels eintauschen würde. Ein Engel nämlich würde sich bestimmt weigern, zu dem kommenden Vorgang auch nur eine Spitze seines Flügels zu leihen, die Katze jedoch ist ganz und gar Bereitschaft, ja man kann es ihren gelben Augen – oder sind es keine Augen, sondern künstlich eingesetzte Topase? – anmerken, wie gern sie zu allem bereit ist. Hier nämlich muß ich erwähnen, daß es mir bisher stets noch völlig unmöglich war, selbst die Türe zu überschreiten. Öffnen kann ich sie noch. Aber sobald man durch die Öffnung das vom alten Kleid verhüllte Bett wahrnehmen könnte, in welchem man ja selbst vor den Fliegen geschützt lang ausgestreckt wie ein Leichnam liegt, muß sich der Tausch vollziehen, falls nicht alles im letzten Augenblick vergeblich bleiben soll. Ach, vergeblich wäre hier auch gleichbedeutend mit „vergebbar", aber daran liegt einem in solchen Augenblicken nichts mehr, denn es handelt sich darum, daß der Magier aushält. Man nimmt also die einzig vorhandene Bereitschaft und Hilfe, also die der sonst so verabscheuten Katze, an, geht in ihr ein, tarnt sich sozusagen in dem schwarzen pelzigen Leib, der dann willig geschmeidig und schleichend das Übrige vollbringt. *Was?* Nun eben das, daß sie es mir möglich macht, bis vor das Bett zu gelangen. Dort zieht sie – nein, zieh *ich* – mit der Pfote leise das Zuhüllende fort und seh mich nun endlich selbst im Bette liegen, klein, kümmerlich, geschwächt und aussehend wie eine Tote. Nur, natürlich, eine Katze kann keine Muttergottestränen in den Pfoten halten, und so ist mir dies Letzte noch nie ganz gelungen, dies, mir selbst ein paar Blüten auf das Bett zu legen. Aber es ist schon viel, sich selbst einmal als Fremde angesehen zu haben, eine leise Berührung der eigenen Hand auszuführen, als wäre man nun auf einmal nicht mehr so vollkommen verlassen und hätte in sich eine Stelle, welche den Waffen ein fremdes Ziel bietet.

Und so also zerstreut man sich, siehst du es wohl, so auf diese Art gibt man seine Kräfte her, diese letzten, die ohnehin nur aus purer Furcht entstanden sind.

Dies hab ich dir sagen müssen, Freundin Ingeborg, damit du einsichtig und nachsichtig genug wirst, um die stümperhafte Zeichnung, welche ich erst beginnen will, dann einmal trotzdem ernst und wie ein richtiges Geschenk empfangen zu können. Ich weiß noch nicht, mit welchem Strich ich versuchen werde, das äußere Herzliche zu umreißen, in das dann so schön und strahlend die Armut eingeschrieben werden soll, wie es nötig ist, um dir das Entsetzen vor ihr zu vermindern. Sieh, ich drücke mich vorsichtig aus, denn ich bin zerstreut und zerstört, und da ich dies weiß, wage ich es auch nicht, davon zu reden, daß ich dich lehren würde, die Armut zu lieben. Trotzdem ist dies mein vermessenes Ziel. Aber – man müßte dazu heil, also „heilig" sein.

Wie wird dies nun also ausgehen? Wo nehme ich die nötige Sanftmut und Gerechtigkeit her? Vielleicht nächstens aus deinen mir so wohltuenden, freundlichen Augen?... Und wenn ich bedenke, wie zart du vermagst, Brücken zu bauen, von deiner Welt in die meine, wie du keines der Worte unbehauen dazu verwendest, sondern so sorgsam damit umgehst, als gälte es ein Ding von Wert und Dauer zu schaffen, sieh, wenn ich das bedenke, dann glaub ich fast, schließlich doch den nötigen sicheren Hintergrund zu finden, auf welchem sich ein paar zarte, aber doch trotzdem wahrhafte Armut-Bilder einzeichnen lassen.

Du bist also nicht nur die, die ich beschenken möchte, sondern vor allem die wichtige Voraussetzung, die ich brauche, um in den Zustand zu kommen, der selbst den Ärmsten noch dazu befähigt, Geschenke zu machen.

Eine lange Vorrede..., aber es war nicht möglich, sie zu kürzen, und überdies, es gibt Veränderungen, welche schnell und irgendwie tödlich eintreten können... Kann es denn nicht sein, ist es wirklich ganz ausgeschlossen, daß nach unserem nächsten Wiedersehen ich dir schon unerträglich geworden bin oder daß mir indessen etwas nicht mehr Ertragbares zugestoßen ist, dann, siehst du, sollst du wenigstens das eine noch zu wissen bekommen haben, daß irgendwo, ganz unbeeinflußt von jeder deiner bisherigen Erfahrungen, eine ganz schöne, ganz wunderbare und überaus tröstliche Armut besteht... Sag bitte nicht, es wäre bisher noch nichts bewiesen, denn: – ist dies nicht Beweis genug, daß ich trotz allem noch lebe, noch den Mut und das Vertrauen aufbringe, zu glauben, daß *du* meine Freundin bist? Ist das wirklich nicht Beweis genug? Wäre es möglich, daß ohne diesen von mir erst angedeuteten Bestand von Trost und Schönheit, den alle Armut enthält, ich noch eine Stelle an mir hätte, die nicht bloß Haß und Verzweiflung ist?... Bedenke es genau und prüfe es, ob ich dir so zugetan sein könnte, wenn die Armut nicht letzten Endes doch heimlich begnadet wäre.

Ich bin sehr müde und werde mich später nach vieler noch notwendiger Arbeit hinlegen, aber es darf nicht mehr sein, daß ich den Rest meiner Kräfte nochmals dazu verwende, ein künstliches und unheimliches Gegenüber zu schaffen. Vielleicht habe ich es nun auch nicht mehr not, ja das ist gut denkbar... Und weißt du auch warum?

Sicher, du weißt es.

am 22.6.48.
Chr.L.

Sicher hatte ich mich wieder einmal wie ein richtiger kleiner Satan benommen, denn es war immer schon eine böse Weisheit in mir, wie und womit man anderen großen Schmerz zufügen kann. Und da standen sie um mich, alle meine Geschwister, und hatten Trauer und zornige Liebe in ihren Augen. Jedes hielt irgendein Stück in den Händen, womit sie mich bekleiden wollten. Ich aber hatte wohl jedem von ihnen einen bösen Namen gegeben und der Mutter vielleicht nur mit einem Blick, einer abstoßenden Bewegung das Allerböseste angetan. Denn sie stand abgewendet und so schmal an dem Fenster, und ihre Hände hielten das eiserne Gitter. Solches tat sie nicht oft, denn so zart und schüchtern ihr Leib war, so mutig und überwältigend waren die Augen in ihrem stillen Gesicht. Sie war stärker als die Sonne, inniger als der Mond, sie war wie ein ewiges Licht, das unaufhörlich von den sanften Ölen willig ertragener Armut gespeist wurde. Was ihr an Liebe zukam, vermochte das Licht nicht mehr zu mehren, aber es konnte dann wie Seide ihre Augen überziehen und eine Zärtlichkeit von solchem Schimmer um ihren verschlossenen, schmalen Mund legen, daß man einen Begriff von Reichtümern bekam, die auf Erden selten sind. Vor jedem einzelnen ihrer verhaltenen Lächeln konnte man Gebete bis in die Seele hinein erlernen, wenn auch der eigene Mund sich böswillig verschloß und stumm blieb, nur um sie zu schmerzen. Innen aber, in der Seele, wußte man, was gemeint sei, wenn sie einem leise vorsagte: Gib nicht Reichtum, der nicht bliebe, gib nicht Glanz, der bald zerrinnt, gib nur eines, deine Liebe...

Und da stand sie am Fenster, und ihre Hände klammerten sich an kalte, verrostete Stäbe. Vielleicht hätten andere Geschwister mich geschlagen um dieses Dastehens der Mutter willen, von dem sie sicher auch wußten, daß es dem bittersten Weinen anderer Mütter gleichkäme. Aber sie taten es nicht. Eine von ihnen nahm mich, sagte mir die zärtlichsten Worte, liebte mich mit dem sanftesten Anschmiegen ihres Gesichtes, hüllte mir ihre Kleider um die nackten, frierenden Füße, die langsam erst das böse Umsichschlagen aufgaben, und trug mich zu ihr, deren Schultern bebten, als ob ein Vogel sich vor Kälte oder Furcht nicht mehr zu helfen wüßte. Worte, die mir zart beschwörend eingesagt wurden, sprach ich nicht nach, aber daß jemand meine Arme um ihren Hals legte, ließ ich doch zu... Nun war sie es, die mich bekleidete; – zuerst nur innen, indem sie ein ganz neues Lächeln, das sie eben erst unter dem verhaltenen Weinen gefunden haben mochte, wie einen Schleier auf mein Herz fallen ließ. Und da tat es mir denn zum ersten Male bewußt weh, so daß ihre abgezehrten Hände ganz naß von meinen Tränen wurden, während sie mich geduldig und liebevoll ankleidete. Meine Geschwister sahen eine Weile zu, als geschähe etwas ganz Schönes, und gingen dann froh zur Arbeit und zur Schule.

Als wir dann allein waren und die Stube später unter einigen ihrer Handgriffe aussah, als ob es nun für immer Sonntag wäre, als meine Fingerspitzen immer noch böse dem vor Alter schon undeutlich gewordenen eckigen Muster des Sofaüberzuges nachfuhren und immer wieder an den weißen Porzellanknöpfen drehten und rissen, bis einer nach dem anderen zu Boden fiel und nur die nackten, häßlichen Nägel mehr den Stoff hielten, da ging sie zu dem Glasschrank, der noch die wenigen Kostbarkeiten aus ihrer armseligen Mädchenzeit verbarg, und nahm aus der obersten Stelle, wo wohl nur das ihr Liebste stand, die letzte der hauchdünnen Schalen... Vielleicht war um diese mein ganzes bösartiges Verhalten geschehen? Ich weiß es nimmer. Ich weiß nur, daß ich früh schon Dinge verlangen konnte, die anderen das Kostbarste bedeuteten. Als ich nun die Schale in den Händen hielt, wog sie leichter als ein Vogelflügel, und wo man daran rührte, gab sie einen Ton von sich, den man nicht begriff. Hielt man sie gegen das Licht, so war innen drinnen wie zarte Spitzen ein Schatten sichtbar, und man vergaß darüber die kaum wahrnehmbare Zeichnung außen aus Staubgrau und mattestem Blau. Und der Goldrand, so schmal er war, erschreckte fast über allem, und man wollte ihn, als wäre er ein nur angefallenes Haar, leise fortheben... Es war nicht möglich, daß die Hände noch irgendein Böses behielten, wenn diese Schale in ihnen lag. „Es ist die letzte, und wenn du sie fallen läßt, wird Fanni vielleicht im Himmel noch ein wenig traurig werden müssen", sagte die Mutter, und man sah ihr den Kummer an, den sie selbst darüber empfunden hätte, aber sie verschwieg ihn und drohte mit nichts... Später und gebogen über ihre Arbeit an fremden, alten Kleidern erzählte sie dann von Fanni. Es waren nur wenige und ganz kleine Dinge, über die sie redete, und ich glaube nicht, daß sie das Wort „Freundin" gebraucht hat, denn wo es um ihre eigene Mädchenzeit ging, war sie so scheu, als hätte diese eine Fremde gelebt. Ich glaube, sie hat ihre Jugend nie anders denn als traurige Sage empfunden, aus der heraus sie erst dann in das Leben trat, nachdem sie uns alle geboren hatte.

Mit Fanni mochte sie eine Zeitlang zusammen gedient oder bei der entfernten Verwandten zugleich das bißchen Nähen gelernt haben, darüber sagte sie eigentlich nichts, und es ist schwer, ihre kleinen, armen Worte wiederzugeben – ; vielleicht sagte sie auch nichts als: „Wir sind gut miteinander gewesen, und dann hat sie geheiratet und ist weit fort und halt auch in eine große Armutei gekommen, aber bevor sie gestorben ist, hat sie mir sechs so teure Schalen gekauft. Sie hätte für das Geld sicher eine Stubentüre bekommen, aber wie ich bei ihrer Leich gewesen bin, haben sie noch keine Stubentüre gehabt. Jetzt im Himmel wird sie wohl alles haben, was ihr gut tut."

Ach, wie empfand man da den Himmel mit einem Male als Heilsames über allem! Und ich hob die Schale wie nichts zuvor an meine Wange, und die Hände wollten das Haar des Goldrandes nicht mehr forthaben und gingen so innig damit um, als wäre es das Haar eines Engels oder gar von Fanni selbst. Wie hätte man da der Lust, etwas zu zerbrechen, noch nachgeben sollen?... Ich weiß, ich vermutete Jahre nachher noch, Fannis Seele käme heimlich von Zeit zu Zeit in diese Schale, um mit der Mutter gut sein zu können. Und ich begriff, wie traurig sie selbst im Himmel noch darüber werden müßte, wenn auch diese letzte von den sechs teuren Schalen noch zerbrochen werden würde. Ich habe sie später auch nur mehr ganz leise verlangt, und nur, wenn ich sehr arge Schmerzen hatte. Denn es war jedesmal so, daß, wenn sie aus den sorgsamen Händen der Mutter zu mir überging, mein Herz ganz deutlich weh tat.

Lange Zeit hielt ich es nicht für möglich, daß außerhalb unserer einzigen Stube noch etwas wäre, das einem bis an das Herz herankommen könnte. Die Fremde begann damals überhaupt schon im dunklen, langen Vorhaus, und man ertrug dieses nur, wenn man wieder einmal ganz böse war und die Stube aus Trotz wie eine Heimat und wie für immer verlassen hatte. Aber selbst dann noch ertrug man es nur, wenn man ganz nahe an der Türe blieb und ihr warmes Holz mit den Fingern betasten konnte. Wie hatte ich jedesmal Heimweh nach den Stimmen drinnen, ohne ihm jedoch auch nur ein einziges Mal nachzugeben, denn der Trotz ist eine furchtbare Stärke wider alles. Und dann war es immer die Mutter, welche sagte: „Tut das

Kind herein, es wird ihm sonst kalt!"... Nie redete jemand ein hartes Wort dagegen, und wenn man dann wieder drinnen war, empfand man alles noch einmal so innig und begriff nimmer, daß man je aus der Stube hatte gehen können.

Als man mich zu meiner sterbenden Tante und Taufpatin trug, hatte ich schon bei unserem Brunnen vor dem Haus solches Heimweh, daß ich zu weinen begann. Ich empfand auch nicht die mindeste Liebe für die Frau, zu der man mich ins Bett setzte. Und dabei war keine Stelle an ihrem armen Leib mehr heil, so daß ihr das bißchen Fortweichen gegen die Wand eine Qual sein mußte. Mir aber ging nichts nahe als die großen grellrot gemalten Rosen an den feuchten Wänden der Bauernstube, welche nach Medizin und Arzt roch. Diese Rosen allein machten es, daß ich zu weinen aufhörte und mich nicht dagegen wehrte, bei der Tante zu bleiben, nachdem die Schwester wieder gegangen war... Sie fragte mich nicht, ob ich sie gern hätte oder ob ich weinen würde und für sie beten, wenn sie gestorben wäre. Sie fragte nur mit einem fremden Schimmer über den Augen, ob ich Rosen gern hätte. Dann versprach sie, mir einen Hut mit vielen kleinen Rosen kaufen zu lassen, weil sie meine Taufpatin sei. Da merkte ich zum ersten Male, daß auch außerhalb unserer Stube etwas auf das Herz zukommen konnte, und ich wollte ihr vielleicht ein Liebes tun und strich mit den Fingerspitzen über ihre vielen Verbände. Aber erst später, als sie mir mit ihrer kranken, leisen Stimme ein kleines, frommes Lied lernte, wobei ihr Schweiß und Tränen langsam über das abgezehrte Gesicht rannen, tat mir das Herz so weh, daß ich sagen mußte: „Dich hab ich auch gern, Mitza-Tant!"… „Tu mir bloß nicht nachgeraten und meine Wunden erben!" sagte sie, und vielleicht war das die letzte große Angst vor ihrem harten Tod.

Sie hat mir auch wirklich noch das Moosröslein-Hütchen kaufen lassen, und wenn ich dann oft tagelang im Bett damit spielte, schien es mir nicht zuviel, daß ich auch einige ihrer Wunden geerbt hatte. Noch heute kann ich ihr kleines Lied, aber ich gebrauche es nur, wenn ich mir beweisen will, daß man über die furchtbarsten Schmerzen hinweg noch singen kann, wenn man es für andere tut.

*

Luzie, das Zornflämmchen, war nur um vier Jahre älter als ich. Aber daß sie gesund war und bei allen Spielen der anderen mittun konnte, brachte einen viel größeren Abstand hervor, als es sonst möglich gewesen wäre. Lange konnte sie sanft mit mir umgehen und mich mitschleppen in den Wald, in die Wiesen und Ställe, wo immer sich die Großen trafen, um vergnügt zu sein. Mir aber war es nicht gegeben, andere vergnügt zu sehen. Immer ging eine böse Traurigkeit von mir aus, ging auf die Lieder und das Lachen der anderen zu und nahm einen zähen und bitteren Kampf damit auf. Manchmal war unser bloßes Erscheinen schon stark genug, daß alle mitten im Spiele abbrachen, als wäre etwas von Grund auf anders geworden und es stünde nicht mehr dafür, noch froh sein zu wollen. Es dauerte immerhin einige Zeit, bis sie begriffen, wer die Schuld daran trüge, und selbst dann noch gaben sie es nicht sogleich auf, gut zu mir zu sein. Sie machten mir Plätze im Heu oder trugen Moos und Laub zusammen, damit ich es warm hätte, ließen mich Prinzessin oder Königin sein, die nichts zu tun hatte, als dazusitzen und womöglich nicht zu weinen. Immer wieder fiel es einer von ihnen ein, mir Beeren oder Blüten zu bringen, und oft erstickte ich fast unter dem, was sie mir zutrugen. Alle diese fremden Mädchen hielten mich lange als kleinste Schwester, als Kind, als krankes Püppchen, für das ihnen nichts zu hart war, solange ich nicht wie ein böser, kleiner Geist in ihre Spiele einbrach. Ich aber ertrug ihre Liebe nicht, welche mir viel zu sehr als bloß so nebenbei getan erschien. Ich wollte alles! Wollte, daß keines froh sein könnte, wenn ich nicht froh war, und kein Spiel vor sich ginge, bei dem nicht ich völlig gleich mittun konnte. Und so geschah es immer häufiger, daß ich meine Schmerzen, die mit gutem Willen immer durchaus erträglich waren, vergrößerte, daß ich zu klagen und weinen begann, bis sich alle nicht mehr zu helfen wußten und meine zarte, kleine Schwester mich heimbringen mußte. Dann konnte sie über all die verdorbene Freude wohl zu einem Zornflämmchen werden und mir Dinge sagen, die sehr wehtun sollten. Nie aber hat sie mich geschlagen, obwohl sie dies sicher oft für ihr Leben gern getan hätte. Selten durfte sie ohne mich aus dem Haus gehen, und wenn dies geschah, kam sie immer so freudig zurück und wußte von ihrem Fortgehen so viel Schönes zu erzählen, daß der Neid in meinem Herzen immer größer wurde und ich auch dann noch mit verlangte, wenn ich eigentlich gar keine Lust dazu hatte. Damals war Luzie sicher oft meine Feindin und war im Recht damit.

Wochenlang hatte sie nun schon allein jeden zweiten Tag mit einer Kanne Milch bis ganz nahe an die Stadt gehen dürfen. Sie mußte sie für eine Bäuerin zu einer feinen Familie tragen, wo sie dann immer etwas

Süßes zu essen bekam. Wie sehr ihr kleines, sanftmütiges Herz mich über alle Feindschaft hin doch noch liebte, wenn sie mir von diesen uns so seltenen süßen Dingen immer auch ein winziges Stück mit nach Hause brachte, begriff sie vielleicht wohl selbst nicht einmal ganz. Sicher redete sie sich damals ein, dies bloß deshalb zu tun, um mich gefügiger zum Daheimbleiben zu machen, denn als ich dann eines Tages so lange geweint hatte, bis die Mutter schließlich sagte, sie müßte mich auch mitnehmen, da schrie sie mir empört zu: „Und ich hab dir ehwohl immer das Beste heimgebracht, das hab ich jetzt für mein Gutsein."... Aber es half ihr nichts; ich hatte geweint, gebeten und gedroht, mir die Verbände herunterzureißen, wenn ich nicht mit dürfte. Ich sehe noch, wie begütend Mutter Luzie das magere Zöpfchen streichelte und dazu immer wieder sagte: „Schau, es ist ja so ein Hascherl und hat sonst auch gar keine Freuden!" Hätte Luzie gleich ja gesagt, so wäre ich wahrscheinlich daheimgeblieben, denn es tat mir wieder einmal der ganze Leib ein wenig weh und das Mutterbett war so warm und die Türkenfedern im Strohsack rauschten so sanft wie manchmal der Regen, den ich oft viel mehr liebte als die Sonne. Aber Luzie wehrte sich so lange und so heftig, daß ich an tausend unsagbar schöne Dinge denken mußte, die sie auf diesem weiten Weg wohl zu sehen bekäme. Ich wurde bös wie ein Teufel und sanft wie ein kleines Lamm, und die Mutter redete ihr mit den allerliebsten Worten so lange zu, bis sie nichts mehr tun konnte, als zornig vor sich hinzusehen.

Dann bekamen wir beide unsere fast noch neuen Osterschürzchen umgebunden, was an und für sich schon eine Seligkeit bedeutete, denn sie hatten nicht nur große Taschen, sondern auch einen Gürtel fast wie bei Damen. Aber nicht einmal darüber vermochte sich Luzie mehr zu freuen. Heute noch weiß ich, daß ihr kleines, blasses Gesichtchen vor Unglück fast krank ausgesehen hat. Heute weiß ich auch, warum, und ich vergebe es ihr tausendmal. Sie wäre damals wohl lieber in Fetzen und Lumpen gegangen, als durch die beiden ganz gleichen schönen Schürzchen bei den noblen Stadtleuten zu zeigen, daß sie die Schwester von diesem kranken, über und über verbundenen Mädchen sei. Wie mußten ihr viele ihrer armen kindlichen Freuden schon auf diese Art, die niemand recht bedachte, verdorben worden sein! Nein, mein Zornflämmchen, wenn eine von uns beiden etwas zu verzeihen hat, so bin nicht ich es! Dir ist tausendfach Schande und Qual angetan worden, ohne daß je auch nur die Mutter begriff. Mich begriffen alle, trösteten alle, wer aber sah dein Weh und dein Weinen ein? Wahrscheinlich nicht einmal dein eigenes Herz, denn es hat dir sicher – sanft wie du bist – dies als Schlechtigkeit eingeredet. Warst wohl oft viel verlassener als ich und bedürftig nach aller Liebe, die mir zuviel angetan worden ist.

Damals erkannte ich aber nur, daß sie böse sei, dachte, es geschäh darum, weil sie nun etwas Schönes würde mit mir teilen müssen, das sie gerne für sich allein gehabt hätte. Beim Hinweg in die Stadt betrug ich mich noch wie ein Engel, sagte ihr alles Gute, das mir bloß einfiel. „Du gehst genauso nobel wie ein richtiges Stadtfräulein. Und schau nur, du hast auf einmal da vorn eine Locke! Wahrscheinlich wirst du noch einmal ganz gekrauselte Haare bekommen so wie die ganz reichen Kinder." Ich wußte, daß Locken ihr heißester Wunsch waren und nahm mir vor, das Christkind zu bitten, ihr solche zu bringen. Aber sie blieb so andauernd traurig und stumm, daß ich gleich wieder böse wurde und aus Trotz so langsam zu gehen begann, daß sie immer wieder stehen bleiben und auf mich warten mußte. Dazu hatte sie auch immer noch aufzupassen, daß ich nicht unter eines der Lastautos kam, denn ich selbst war ja fast blind. Schließlich wurde sie so verzweifelt, daß sie weinend herausschrie: „Wenn du bloß sterben könntest, du kleiner Teufel du!"... Als aber gleich darauf zwei rennende Pferde uns entgegenkamen und der Staub nur so aufflog, stellte sie sich doch vor mich hin und legte ihre eine freie Hand über meine Augen. Dieses tat mir viel mehr weh als vorher ihre harten Worte, und ich ging nun willig so schnell ich konnte, immer nur darauf bedacht, nichts von dem Schönen und

Geheimnisvollen zu übersehen. Aber es begegnete uns nichts als gewöhnliche Häuser, gewöhnliche Bäume und gewöhnliche Menschen. Nun erwartete ich alles nur mehr von dem schönen Stadthaus, wo so reiche Menschen wohnten, daß sie auf dem Boden Teppiche haben sollten. Teppiche so wie dicker Samt und noch weicher als das feine Saugras mit den weißen Kleeblumen darin. Und war es nicht sicher, daß solche reichen Leute auch ein Zimmer hätten mit nichts als kleinen, seidenen Wägen, in denen lauter Schlafpuppen liegen?... Und wenn sie dann sähen, daß da ein kleines, krankes Mädchen ist, das keine einzige Schlafpuppe hat, würden sie dann nicht sagen: such dir nur eine aus, du armes Hascherl du, wir haben ja immer noch genug!... Und dann würde man heimfahren mit dem kleinen, seidenen Wagen, und die Mutter und die Schwestern würden es zuerst gar nicht glauben wollen, daß so was Schönes nun ganz und für immer in der armen Stube hausen soll. Aber die Puppe würde nie Heimweh nach dem schönen Zimmer bekommen, denn ich wollte ihr alles zuliebe tun, die Füßchen und Händchen wärmen und alle schönen Namen sagen, die ich nur wußte... Freilich war dann das Haus gar nicht so schön als ich es mir gedacht hatte, aber das war vielleicht nur von außen so. Die Freude in mir und das Erwarten waren so groß und so bestimmt, daß ich Luzie liebte wie nie vorher und ihre Hand leise zu streicheln begann. Ach, lange Jahre nachher begriff ich noch nicht, weshalb sie darüber gleich wieder so zornig wurde und mich von sich stieß und sagte, daß ich nun heraußen warten müßte. Was mochte mein armes Zornflämmchen auf diesem langen Weg schon alles an Furcht vor diesem Moment mit sich herumgetragen haben, wo ich vielleicht wie ein kleiner Teufel zu schreien beginnen würde, um mit hinein genommen zu werden in das Haus zu den reichen Leuten. Und die andere Furcht dann vor Zuhause, wo die Mutter über meine Klagen ihre traurigen Augen bekommen würde. Wie innig und wahrhaftig mochte sie mir den Tod gewünscht haben, ohne dabei etwas Böses zu tun! Gott mochte dieses sicher eingesehen haben und half ihr und ließ mich vor Entsetzen über diese unausdenkbare Enttäuschung so schwach und starr werden, daß ich wie ein Stück Holz gegen die Mauer fiel und mich in keiner Weise wehrte. Als Luzie dann herauskam, brachte sie mir diesmal das ganze Stück süßen Kuchen mit und hatte noch nicht einen einzigen Bissen davon genommen. Auch freundlich war sie wieder, und als wir ein Stück vom Hause fort waren, nahm sie mich voll gutem Willen an der Hand. „Iß nur die Bäckerei, sie gehört ganz dein, weil du so brav gewartet hast. Aber dann müssen wir schnell gehen, damit wir vor der Nacht noch daheim sind."… Aber ich konnte nimmer. Nein, es war damals nichts Böses dabei, wenn ich am Straßenrand hinhockte und immer wieder sagte: „Ich kann nimmer, mir tut alles so weh."

Freilich ist mein Flämmchen zornig geworden und hat sogar gedroht, mich zu erschlagen, wenn ich nicht gleich weiterginge, aber wie hätte sie, die so oft von mir Betrogene, es auch glauben sollen, daß nun kein Trotz mehr dabei war? Und doch schlug sie mich nicht, tat mir in keiner Weise Böses, sondern nahm mich schließlich auf den Rücken und schleppte mich weiter. Wenn sie dann nicht mehr konnte, rasteten wir, und sie wischte mir die Tränen fort, und das Schlimmste, was sie noch sagte, war ein trauriges: „Du hättest halt doch daheimbleiben sollen!"… Manchmal bat sie mich auch, wenigstens ein paar Schritte selbst zu gehen, und nahm mich dann doch gleich wieder auf den Rücken, wenn sie sah, daß ich es nicht konnte.

Vieles hat mir damals weh getan, aber am meisten das Herz, wenn ich merkte, daß Luzie ganz leise weinte und meine unter ihrem Kinn zusammengeflochtenen Hände von ihren Tränen naß wurden. Acht Jahre war mein Flämmchen damals erst alt, als sie mich wie eine Mutter nach Hause schleppte und dann gar noch von den anderen ein bißchen gescholten wurde, weil ich von diesem Weg so krank geworden war, daß ich monatelang keinen Schritt mehr gehen konnte. Wie ich dann Tag für Tag im Mutterbett saß, war es Luzie, die mir am meisten alte Zeitungen zutrug, aus denen ich alle mir eingeredeten

Dinge schnitt. Schlafpuppen und seidene Wägen, Schalen und Schüsselchen, und manchmal war auch ein kleiner Teufel darunter. Luzie bewunderte alles und blieb oft stundenlang bei mir, auch wenn die großen Freundinnen kamen, sie zu einem Spiele zu holen... „Es ist ja so krank, und wenn ich fortgehe, ist es ihm sicher langweilig", konnte sie sagen. Ach, mein Zornflämmchen vergab sich wohl nicht, daß es mir den Tod gewünscht hatte, und dachte sicher, ich wäre davon krank geworden. Ihr Herz war ja so sanftmütig und ist es heute noch, und ihr kleines Mädchen mit den dunklen Zornäuglein wird Gott sei Dank wie sie.

Dann war Monka, der nichts zu schwer wurde, weil Gott ihr das schönste und mutigste Gesicht und das leichte, singende Herz eines Vogels gegeben hatte. Wenn Mutter abends in den Garten hinausging, um dort mit zusammengeflochtenen Händen nach dem langen blauen Berg zu sehen, so erkannte man an ihren Augen, daß sie den Berg gar nicht meinte, sondern weit hinten die Stadt, in welcher Monka diente. Fremd von irgendeinem unbekannten Kummer konnte sie dann werden, wenn sie sagte: „Was jetzt wohl die Monka tut?"... Und man begriff das in keiner Weise und war sicher, daß Monka nichts anderes täte als ein schönes Kleid anhaben und Lieder singen. Sicher gibt es kein lustiges und kein trauriges Lied auf Erden, das Monka nicht längst schon im Herzen gehabt hätte und damit umgegangen wäre wie mit einem Eigentum. Es gab nichts, was unter ihren Händen oder von ihr ausgesprochen nicht anders und deutlicher in seiner Art und vor allem um vieles schöner geworden wäre. Wenn sie manchmal zwischen zwei Dienstplätzen auf ein paar Wochen nach Hause kam, so konnten wir immer alle die ersten Nächte gar nicht schlafen, denn sie hatte eine Art, spät und im Bett, wenn keines das andere mehr sehen konnte, bloß so durch das enge Beieinanderliegen sich noch ganz und gar fühlen, hatte dann eine Art und eine Liebe, über alle Dinge zu erzählen, die sie auf ihrem letzten Posten erlebt hatte, daß nicht einmal der Vater oder der Bruder, welche tagsüber schwer zu arbeiten hatten, sich dagegen auflehnten. Eigentlich war es immer die Mutter, welche schließlich leise sagte: „Tu schlafen jetzt, Monka, morgen ist auch noch ein Tag."... Wir waren ihr oft böse darum, aber heute weiß ich, daß sie allein ahnte, warum Monka nur wenn es dunkel war, so reden konnte, daß alles wie verzaubert erschien und keines auf den Einfall kam, ihr das Schöne und Lustige nicht zu glauben. Ob es dann eine Köchin war mit den allerlängsten Haaren und dem allerkürzesten Verstand, eine Köchin wie aus Glasscherben und alten Reißnägeln zusammengesetzt, die dann schließlich doch alle Abend an ihr Bett kam, um sich den Kummer vom Herzen zu weinen, der eigentlich gar kein richtiger Kummer war, sondern bloß etwas ganz Lustiges, worüber man oft noch den ganzen Tag lachen konnte. Oder die Gnädige mit der Fischsprache, die ihre Zähne nur auseinander brachte, wenn sie aß, oder das kleine, süße Gretelein, das so sanft und scheu war, daß es nicht wagte, laut zu weinen, als es sich sein Händchen am Ofen wundgebrannt hatte. Wie es dann dasaß auf dem schönen Teppich und nur leise sagte: „Mona weh weh!" Wie gerne glaubte man da ihr, daß Gretelein ein Engelchen gewesen war, für das Monka gerne hundert Jahre in der Hölle geblieben wäre. Und dann war sie doch weggegangen, bloß weil der gnädige Herr ihr ein Samtkleid hatte kaufen wollen. Wie sollte man das begreifen, und daß die Mutter nicht böse darüber wurde, sondern nur sagte: „Schlaf jetzt, Monka, wird sich schon wieder was finden!"... Oder sie erzählte von dem hohen General, der sich alle Monate einmal hat erschießen wollen, und von der alten und der jungen Frau General, die dann mit allen Hunden und Katzen solange vor seiner versperrten Türe geweint haben, bis er aufmachte und immer noch einen Monat leben wollte, wenn die reichen Verwandten der Frau General wieder soviel Geld schicken würden, daß er seine schönen Pferde nicht verkaufen brauchte. Wie sie sich dann alle so schön freuten, wenn der Mann mit dem dicken Geldbrief wieder einmal kam, wie die Katzen und die Hunde es merkten und sogar die Dienstboten, die dann ein solches Mittagessen bekamen, daß sie fast ganz satt wurden. Und der teure Wein dann und die vielen hohen Gäste, die so gebildet waren, daß sie alle so taten, als ob sie die Spagatschnur nicht sähen, mit welcher die alte Gnädige ihr schwarzes Spitzenkleid an der Achsel zusammengebunden hatte. Und wie dann die beiden Gnädigen und sogar der Herr General geweint hatten, weil sie Monka fortschicken mußten, da ihr Geld nur mehr für die Hunde und die Katzen und eine Zeit lang noch für die alte, magere Köchin reichte. Wie konnte man darüber traurig werden, daß solch reiche, feine Leute nun kein Geld mehr hätten, aber Monka wußte gleich wieder was Tröstliches darauf zu sagen von dem großen Haus und dem alten Park, der ja immer noch ihnen gehöre, und von den Kühen in ihrem Stall, die, obwohl die beste vom jungen Klee gestorben war, immer noch so viel Milch gaben, daß sie nicht verhungern würden.

Lange Zeit dachte ich, daß Monka überhaupt nicht weinen könne. Es war einfach unmöglich, ihr schönes, mutiges Gesicht zu sehen und dabei an Tränen zu denken. Wenn sie Schmerzen hatte, lachte sie oder sang so lange, bis sie selbst nicht mehr daran glaubte. Sie war wie eine Christbaumkugel, aufgehangen am Baum der Bedürftigen, alle Armut auffangend und widerspiegelnd, aber so, daß alles darin wie ein Spiel aus Schimmer und Gold war. Nichts fiel ihr schwer, und was die anderen oft nicht mehr über das Herz brachten und was doch getan sein mußte, schob man ihr zu.

So war dann auch sie es, die mich in der großen, fremden Stadt in das Krankenhaus brachte. Meine Furcht war so groß, daß ich nicht einmal weinen konnte. Sie war eben erst neu in einen Posten eingetreten und hatte noch nicht verdient, trotzdem kaufte sie mir von den letzten paar Münzen ein kleines gelbes Wollkückchen. Nichts hätte mir so wohltun können als dieses, denn es war so weich und zärtlich, daß man es auf alle Arten lieben konnte.

Als ich im Spitalhemd im weißen Gitterbett saß, das Wollkückchen in den Händen und nichts anderes sagen konnte als: „Monka, bleib da! Monka, geh nicht fort!", da nahm sie mich zu sich, daß ihre weichen, dunklen Haare wie ein Mantel einhüllten, und ich sah es nicht, aber ich spürte, wie sie weinte.

Was hätte sie mir tun oder geben können, das mehr gewesen wäre? Es war ein so einiger Schmerz um uns beide, ein solches Beisammensein unserer Liebe, daß es auch dann noch um mich war, mich einhüllte wie ein zärtlicher Samt, als sie schon längst mit ihren leichten, mutigen Schritten fortgegangen war.

Vielleicht wäre ich an Heimweh gestorben, wenn sie mir nicht ihr einziges Weinen vorher dagelassen hätte... Viele Tage schien es, als wollte sie mich vergessen, aber ich wußte es anders und stand Stunde für Stunde wie ein kleines Gespenst an der Türe des Durchganggebäudes, über das hinaus man nicht durfte, von wo man aber doch ein weniges der Straße überblicken konnte.

Niemand vermochte mich zu einem Spiel oder auch nur zu ein paar Worten aufzureden; ich war noch ganz in ihrem Weinen und ihren zärtlichen Haaren daheim, und das einzige, was daran teilhaben konnte, war das süße gelbe Wollkückchen. Ich begriff, daß es Sonntag werden müßte, ehe sie käme, aber ich wußte von keinem Tag, welcher es sei, und zu fragen wagte ich nicht. Und als man mich dann rief und mit freundlichem Lachen und ein paar fremden, aber gutwilligen Worten in das Haus brachte zu dem „Besuch", da war nicht sie es, sondern ein „Herr", der mich übernahm, an der Hand nahm und keine Scheu vor Verbänden zu haben schien. Wie er es tat, wußte ich schon, daß er von Monka käme, und das Weinen, das ich die ganzen Tage her verhalten und für sie aufgespart hatte, fiel nun über den Fremden her, der überaus gut damit umging, indem er sich und mich auf eine verborgene Bank im Garten setzte und so tat, als wären es zwei Erwachsene. Lange hielt er mich nur soviel an der Schulter, daß mich das Schluchzen nicht umwerfen konnte, und erst als das Ärgste vorüber war, brachte er seine Geschenke heraus. Ein Stück Lebkuchen und fünf eiserne Haarnadeln – : „Nun bist du ja schon groß, nicht wahr, und wirst bald schon in die Schule gehen, da mußt du dann die Zöpfchen schon ordentlich aufstecken."… Ach, es war zwar noch lange keine Rede davon, denn meine Zöpfe waren so dünn und so winzig, daß sie vollständig unter dem Gesichtverband verschwinden mußten, aber es hätte mich sicher kein anderes Geschenk so mutig und erwachsen machen können als diese fünf eiserenen Haarnadeln… Heute weiß ich es, daß er sie auf eigene Faust und von seiner Notstandsunterstützung gekauft hat und daß nur das Stück Lebkuchen von Monka war, Monka, die von der Gnädigen nicht freibekommen hatte und deshalb den Herrn, der allein in der fremden Stadt ihr von Herzen gut war, zu mir schicken mußte… Wie mochte sie Furcht gehabt haben, ihm diese kleine, kranke Schwester aufzuhalsen, dieses Bündel aus Jammer und Tränen in ihr erstes, sicher noch leicht verletzliches Zusammengehören einzuschieben? Aber daran ist sie ja zu erkennen, unsere mutige, schimmernde Monka, der alles einfach und innig geriet! Auch dies war ihr geraten, unter den vielen Männern, die um ihrer eigentümlichen Schönheit und Jugend willen immer wieder in ihr Leben einbrachen, jenen zu finden und zu halten, der arm und reich genug zugleich war, um mit dem Herzen lieben zu können. Jeder andere hätte es ihr schwer vergeben, Nachmittage bei einem heulenden, kranken Mädchen zubringen zu müssen, er aber ist noch oft gekommen, und immer war es, als käme und ginge ein Bruder. Einige Male waren es auch beide, und sie teilten sich dann darin, mich zu trösten und mir Gutes zu tun, wie sie später dann alle Jahre der Armut und Arbeitslosigkeit treu und fröhlich geteilt haben.

Als mich Josa, die älteste Schwester, dann heimholte und mir mit einer Schachtel Süßigkeiten, welche sie an alle Kinder verschenkte, noch am letzten Tag alle diese zu Freundinnen machte, war ich tatsächlich so erwachsen geworden, daß die Mutter ein bißchen erschrak und Luzie, das Zornflämmchen, die

Hände wieder fallen ließ, mit denen sie mich hatte umhalsen wollen. Aber dann brachte sie mir doch rasch und mit soviel Freude das neue Kleidchen, welches Maria, meine Cousine, gekauft hatte, daß alle Fremdheit zusammenfiel und ich wieder das Kind war, das sie trösten und lieben konnten... Auch Maria war dabei, und ihr hartes, allen Zärtlichkeiten so abwendiges Bauerngesicht schimmerte wie an einem Weihnachtsabend. Vieles ist später anders geworden, so daß man ihr nur mehr die Härte hätte zumuten mögen, aber wenn ich an das gelb und blau gestreifte Kleidchen dachte, das sie mir damals geschenkt hatte, vermochte ich ihr jedesmal im Herzen wieder zu vergeben.

*

Wenn ich mich bloß recht zusammennehme und mit aller notwendigen Aufmerksamkeit zurückdenke, so finde ich schon den schimmernden Schein, der jede wahre Kindheit ausmacht... Lange lebte ich in dem Irrtum, keine Kindheit gehabt zu haben, weil ich bloß dem nachging, was hart und bitter darin war. Eine böse Lust ist dies, alle gehabten Schmerzen so lange auszudehnen, bis sie sich wie ein Kleid aus Tränen und Vergrämtheit um einen legen, in welchem man dann mit eigentümlichem Stolz einhergeht, als gäbe es nichts Kostbareres und Edleres als dies. Aber man gerät damit früher oder später unfehlbar zu denen, die von jeglicher Freude verworfen werden. Lange lebte ich wie eine Verstoßene und begriff keinen der Engel, wenn sie mir in dem ihnen zugänglichen Gebiet, den Träumen, meine Kindheit noch einmal zutrugen. Und ich empfing sie als Fremdes und wehrte mich und sagte: Nein, so war es ja nicht, so war es niemals!... Ich hielt mich nicht bei der Armut auf, die mir als zu schwache Abwehr dünkte, aber ich zeigte ihnen jede Stunde der Vereinsamung, jedes gewollte und ungewollte Abseitsstehen, jede verletzte Stelle, die durch das Aufzeigen meines Andersseins entstanden war, entgegen. Sie aber ließen nicht nach und trugen mir jede gute Tat von neuem wieder zu, deutlicher und kostbarer mit jedem Mal Herzeigen, bis ich es erkannte und wußte, wie reich und gesegnet alles gewesen ist... Nein, ich bin nicht verstoßen und ausgeschlossen aus dem alles heilenden Schimmer der Kindheit. Wenn auch hundert Spiele fremd und ungespielt an mir vorübergingen. Denn was ist dies gegen ein Herzutreten eines fremden, größeren Mädchens, das unbekümmert um spottende Ausrufe einen an der Hand nimmt und sagt: „Laß dich führen, mit deinen verbundenen Augen kannst du ja leicht über einen Stein fallen."... Oder wenn ein Knabe auf einmal von denen fortgeht, die einen in ihrem Übermut zum Weinen gebracht hatten, und sein zarter gewordenes Gesicht in einem Lächeln aufglänzt, daß man es nie wieder vergessen kann: „Mußt nicht so weinen, schau, sie meinen es ja gar nicht so ungut, lach ihnen einmal ins Gesicht oder rede ihnen zurück, dann werden sie gleich damit aufhören."... Und dann starb er so früh, dieser Knabe Hans, noch mitten in seiner Lehrzeit als Schlosser, starb an der

Schwindsucht und wollte doch seiner verwitweten Mutter und jüngeren Schwester ein schönes Leben machen. Anderes wollte er damals noch nicht, und Gott hat ihn gesegnet, indem er ihn darin sterben ließ.

Hier wollte ich Martina verschweigen, und das ist unrecht. Man muß nur wissen, wie dunkel und von einer ernsthaften Sanftheit ihre Stimme war, bei allem, was sie so hinredete. Nichts konnte ihr diese Stimme abgewöhnen, auch dies nicht, daß ihre beiden Hände auf eine ganz besondere, schlimme Weise verstümmelt waren. Es ist eine etwas eigentümliche Geschichte, von der man nicht weiß, ob man sie glauben soll, aber so geht sie hier im Dorf noch um: – Eine von den Vorfahren dieser sehr weit verzweigten Familie, einer Lumpensammlerfamilie, hatte einmal einen jungen Burschen, der sie mit seiner ungebetenen Liebe verfolgte, einen Krüppel geheißen, es waren ihm nämlich beim Futterschneiden zwei Finger in die Maschine gekommen. Sicher war er schon vorher manchmal deshalb so oder so gekränkt worden, aber jedenfalls muß es ihn da zum ersten

Mal ganz innen getroffen haben, so daß er
es nun über sich brachte, den Gegenstand
seiner – weiß Gott wie argen – Liebe auf Ort
und Stelle zu verfluchen. Der Wortlaut des
Fluches ist leider nicht überliefert worden,
Tatsache ist aber, daß nun immer wieder und
in jeder Generation in dieser Familie irgend
eines davon betroffen wird. Nun war es also
Martina, die Schwester des Knaben Hans,
welche an der Reihe war, den Fluch abzutra-
gen. O, und wie sie das tat! Aber um dies
auch nur annähernd zu begreifen, muß man
erst wissen, daß ihre Hände so ziemlich der
elendeste Anblick waren, der unter Kindern
überhaupt möglich ist. Zu Anfang sah es
noch nicht so arg aus, einfach je zwei und
zwei Finger zusammengewachsen und auf
solche Art eine lebendige, armselige Schere
bildend. Aber da waren nun irgendwelche
Verwandte, die in der Stadt zu anderer Auf-
fassung von Glauben und Aberglauben ge-
kommen sein mußten und nun wohl dach-
ten, daß ein Fluch etwas Lächerliches und
jedenfalls auch Abwendbares sei. Diese nun
beredeten die arme Mutter so lange, bis sie

Martina in ein Krankenhaus brachte, von wo sie sie später mit zwei schönen, fluchlosen Händen heimzuholen gedachte. Ich ging damals schon zur Schule und weiß also, wie wochenlang von nichts anderem geredet worden ist, in den Pausen und sogar während der Spiele, als von den Händen Martinas. Jetzt hinterher ernst bedacht, glaube ich, daß uns dieses Hände-Schicksal deshalb so nahe ging, weil es sich hier vielleicht hätte entscheiden sollen, ob wir, alle wie wir waren, mit oder ohne Wunder auf dieser Erde auszukommen haben würden. Mir griff es umso näher ans Herz, als ich nach Martina wohl am meisten auf ein Wunder angewiesen war. Niemand sagte es mir, im Gegenteil, man versicherte mir immer wieder, daß ich bestimmt, ganz bestimmt, bald gesund und heil sein würde, ohne Wunden im Gesicht, ohne Verbände, ohne verschwollene Augen. Aber wenn ich fragte – o, und ich fragte dies sehr oft! –, wann das „bald" sein würde, dann schwiegen sie und waren sicher oft nahe daran, gedankenlos zu sagen: „Dann, wenn der Kaiser kommt!"... Dies war nämlich eine tröstlich sein sollende Redensart für alle die vielen unerfüllbaren Kinderwünsche, ob es sich nun um einen großen, echten Gummiball oder einen Puppenwagen oder ein wächsernes Madönnchen, wie es die Marktfahrer zu Fronleichnam feilhielten, handelte. Immer hieß es: „Ja wart nur, wenn der Kaiser kommt." Dann wußte man schon, daß man zu verzichten hätte, ohne darüber weinen zu dürfen, da es so und so nichts ändern konnte. Wenn sie diesen Spruch nun eigentlich doch nie wirklich angewandt haben auf meine Frage, wann ich endlich gesund sein würde, so erkannte ich nun trotzdem sehr früh, daß Vater, Mutter und Schwestern in dieser Sache völlig hilflos wären, und so war die nächste Stelle, an die man sich nun noch wenden konnte, wohl nur Gott. Zu Gott aber gehören nach kindlichen Begriffen immer die Wunder. Gott allein ist nämlich noch gar nichts, erst wenn er Wunder tut, haben wir etwas von ihm. Wir können ihn ja eben nur in seinen Wirkungen erst erfassen, und dies sind die Wunder.

Hier an Martina sollte es sich nun zeigen,

ob wir noch in einer Zeit lebten, welche Wunder zuließe. Ich erinnere mich, daß auch die wildesten und uns ganz bösartig erscheinenden Knaben der letzten Klasse damals etwas ernster und milder waren. Ja, man konnte sie manchmal mitten in dem Räuberhauptmannspiel davon reden hören. Zum Beispiel sagte der rothaarige Alois, während er mit einem Knie seinen Gegner am Boden festgenagelt hatte, zu einem andern über seine Schulter zurück: „Wenn der ihre Krempel jetzt wirklich nimmer wie Krebsscheren ausschaun, du dann – Teufel noch einmal, dann – – ..." Er beendete den Satz nicht, wahrscheinlich wohl, weil ihm selbst nicht ganz klar war, was sich dann auch für ihn innen verändern würde. Aber daß er diese Art Folge auch auf sich bezogen hätte, war sicher, denn sonst hätte er überhaupt nicht darüber gesprochen. Knaben von dieser Art und in diesem Alter reden nur über Dinge, die sie selbst angehen, alles andere ist ihnen vollkommen wurscht.

Also, wir warteten damals alle. Sicher habe ich mehr und ernsthafter gewartet, und ich weiß, daß damals meine Gebete länger und dringender gerieten. Nach jedem konnte ich litaneiartig viele, viele Male sagen: „Lieber Gott, hilf der Martina!"

Aber als es schon hieß, daß sie nun kommen würde, da dauerte es noch einmal sehr lang. Ja, es dauerte dann beinahe zu lang, so daß tatsächlich die meisten schon anfingen, die Sache nicht mehr so ernsthaft zu nehmen, und manche vergaßen sie schon langsam. Vielleicht war gerade ein neues Spiel in Mode gekommen oder es war damals der Lehrerwechsel, der das ganze Dorf in Aufregung versetzte, weil statt des alten Spitzbärtigen, der die Zeugnisse einfach nach dem Stand der Eltern gerecht verteilte und sich und die Kinder nicht erst lange mit Prüfungen belästigte, nun ein anderer kam, der auf einmal verlangte, daß die Schüler etwas lernen sollten. Niemand konnte das begreifen, und er mußte erst sehr viele Haselstecken verbrauchen, ehe er sie einigermaßen so weit hatte. Ja, es kann der Berechnung nach gut stimmen, daß dies in die Zeit fiel, knapp ehe Martina dann endlich doch kam. Nun erfuhr man auch, warum es so lange gedauert hatte. Nein, Martina verschwieg nichts. Ihre stille, sanftmütige Stimme plauderte zwar nicht, aber wenn sie gefragt wurde, gab sie ruhig und ernsthaft Antwort. Natürlich wurde sie gefragt und wieder gefragt, besonders, da sie vorläufig die Hände noch verbunden hatte und nur durch Hören und Sehen am Unterricht teilnehmen konnte. Man hatte ihr also zuerst die zusammengewachsenen Finger auseinandergeschnitten, eine völlig klare und richtige Sache, wie alle feststellten. Aber seht, dann wollten diese Schnitte nicht und nicht heilen. Die Herrn Doktor konnten dies und das tun, die Haut wollte einfach nicht darüberwachsen. So, mit diesen offenen Stellen zwischen den Fingern, konnten sie Martina natürlich nicht heimschicken, und deshalb mußten wir alle so lange warten. Und Martina erzählte ruhig weiter, daß man ihr dann die Hände so auf den Bauch gebunden hatte, daß die wunden Stellen darauf anwachsen mußten. Wirklich anwachsen, so wie ein aufgepelzter Zweig an dem Baumstamm. Das taten sie dann auch mit der Zeit, ja wirklich,

Martina gab ihr Wort darauf, weil es ohne dies niemand glauben wollte. Ja, sie tat noch mehr, sie zeigte ihren besten Freundinnen – auch meine Schwester Luzie war darunter – die Stellen am Bauch, von wo die angewachsenen Finger dann abgeschnitten worden waren. Sie mußte nun auch dort verbunden werden, weil die Stellen immer noch wund waren und schmerzten. Als sich das alles mit der Zeit so durchgeredet hatte, war nun leider sehr wenig von der Wundererwartung noch in uns vorhanden, und ich begreife diese langsame Vorbereitung heute als etwas sehr Notwendiges und sehr Gutes obendrein. Denn es wäre sonst wohl noch viel schlimmer gekommen, für uns alle, am meisten aber wohl für Martina. Nämlich, es kam tatsächlich wieder so weit, daß sie schließlich nach Wochen ihre Hände wieder frei zur Schule brachte. O, und wie sie das tat!... Niemand merkte ihr die Scham an, niemand einen besonderen Schmerz oder gar eine Enttäuschung. Wie zwei kleine, armselige Tiere, an deren Dasein man sich langsam und geduldig gewöhnt hatte, trug sie nun ihre furchtbar mißglückten neuen Hände unter uns. Wir aber waren damals alle viel, viel kleiner als sie, wir sahen einfach weg von diesen Händen, und das einzige, was sie bei dem ganzen schmerzhaften Versuch für sich gewonnen hatte, war dies, daß nun auch die rohesten und verrufensten Knaben ohne Spottnamen an ihr vorübergingen. Viel war das nicht, aber Martina bekam doch in ihre mattblauen Augen den Anfang eines schönen, milden, gleichmütigen Lächelns. Und um dieses Lächelns willen hätte ich also Martina beinahe verschwiegen, obwohl sie gerade damit zu den tröstlichsten und wichtigsten Zeugen der Armut gehört.

Ich habe damals noch das letzte Lächeln verlernt, denn Gott war mit diesem Vorfall unglaubhaft geworden wie die Wiederkehr des Kaisers. Aber daran ist natürlich nicht Gott schuld, sondern mein eigenes Herz, das nicht Martinas Mut und Geduld aufbrachte, sondern bösartig und schwachmütig war.

Auch von Maria habe ich nur deshalb so lange geschwiegen, weil sie mehr war als ich. Hier muß ich bis zu dem bitteren ersten

Schultag zurückdenken, der ohne Maria noch stärker die Wirkung eines Verhängnisses angenommen hätte. Man hatte mich hingebracht in einem lange und sehr hart zusammengesparten, neuen, hübschen Kleidchen. Josa, meine älteste Schwester, das weiß ich noch genau, hatte dazu einen Teil ihres so schwer verdienten Geldes gegeben, sie arbeitete damals in einer Ziegelei. Auch eine Masche hatte man mir in das wenige Haar gebunden, sicher eine rote, Rot liebte ich als Kind am meisten. Überdies hatten zuhause alle gefunden oder wenigstens so getan, als sähe ich buchstäblich wie eine kleine Prinzessin aus. Leicht war es ihnen ja nicht gelungen, mir das einzureden, da es sich beim Waschen herausgestellt hatte, daß über Nacht trotz aller Gebete kein Wunder geschehen war und nichts heil geworden war, ich also wie bisher nun auch in die Schule noch mit dem gräßlichen, das ganze Gesicht fast umhüllenden Verband gehen mußte. Aber die Liebe der Mutter und eines halben Dutzend Schwestern war schließlich doch so stark und beständig, daß es ihr gelang, mich halb und halb wenigstens zu überzeugen, fein und hübsch auszusehen. So lang meine große, schöne Schwester noch in der Klasse war und mit dem Fräulein Lehrerin redete, ging alles noch an. Aber dann kam die Plätzeverteilung, und da zeigte es sich, daß niemand mich wollte. Nein, sie wollten mich einfach nicht. Und dabei hatte ich eben noch mit meinen kranken Augen nach dem schönsten und zufällig auch reichsten Mädchen geschaut und sie mir zur Freundin gewünscht und gemeint, wir würden beisammen sitzen. Aber sie wichen alle fort, wie vor etwas ganz Ekligem, und es stellte sich heraus, daß manche Eltern es den kleinen Mädchen aufgetragen hatten, der Lehrerin zu sagen, daß sie nicht zu mir gesetzt werden dürften, weil sie sonst am Ende auch so eklig krank werden könnten. Da wurde nun das Fräulein – ein recht altes Fräulein schon – sehr hilflos und ihr Gesicht um noch einige Kummerfalten reicher, auch hatte sie mich sicher damals schon gern, wie dann die ganzen Jahre hindurch, aber das half mir wenig. Ach, es half wohl überhaupt nichts mehr. Die Muttergottes, der Schutzengel, alle waren weit fort und wie ausgelöscht. Dann kam Maria... Sie hatte sich schon rückwärts zu einem ihr bekannten Mädchen gesetzt gehabt, aber jetzt stand sie auf und kam, klein und dick, wie sie war, her, um sich zu mir in die erste Bank zu setzen. Viel Gründe konnte sie dafür nicht angeben. Meine Mutter hatte für sie und ihre ältere Schwester einige Male recht billig und recht hübsch die Osterkleidchen genäht, und das war vielleicht alles. So brachte sie es wenigstens etwas dumm lächelnd heraus. Nein, sie war nicht besonders klug, auch alles eher als hübsch, aber sie hatte genau so viel von einem Engel, als notwendig war, um diesen ersten und alle kommenden Schultage zu überstehen.

Maria war mehr als ich, die ganzen Jahre hindurch, obwohl sie schlecht lernte und das meiste von mir abschrieb. Sie hatte Geduld und Treue und eine eigentümliche, träge, aber wohltuende Gleichmütigkeit. Vielleicht kam das davon, daß sie zuhause oft geschlagen wurde. Wenn ihre ältere und sehr hübsche Schwester Anlaß zu Ärger gab, schlug man Maria. Sie fand das – glaube ich – in Ordnung, denn sie redete selten darüber. Selbst hütete sie sich allerdings, irgendetwas Verbotenes zu tun oder auch nur sich auf dem Heimweg zu versäumen, und nur daraus konnte man schließen, daß sie sich vor den Schlägen fürchtete.

Und trotzdem: – einmal wurde sie um meinetwillen geschlagen. Wir waren gerade in die Klasse des neuartigen und strengen Lehrers gekommen und zitterten alle wie wir waren bei seinem bloßen Anblick. Maria zitterte nicht, vielleicht war sie zu träge dazu oder zu gewohnt, sich zu fürchten, jedenfalls saß sie wie ein kleines, dickes Bildstöckchen in der ersten Bank bei mir. Vielleicht reizte mich dies dazu an zu zeigen, daß ich auch keine Furcht hätte, oder zumindestens so zu tun, als hätte ich keine, was aber eine große Anstrengung kostete und nur möglich war, wenn man in das Gegenteil umschlug. So wurde ich mitten in der Rechenstunde ausgelassen, als wären wir allein wo auf einer Wiese mitten im Spiel. Nein, eigentlich, so war es nicht, denn bei Spielen ist diese böse Art von Mut ja nicht nötig, auch gerieten mir Spiele nie bis zu solchem Grad, daß ich damit an die anderen herangekommen wäre. Jetzt aber lachte schon die ganze Bankreihe – so heimlich als möglich allerdings – von meinen nach rückwärts gegebenen Zetteln mit den wunderlichsten Zeichnungen und Worten. Nur Maria lachte noch nicht, sondern sah so aufmerksam, als es ihrer Trägheit überhaupt möglich war, auf die Tafel. Einige Male hatte der Furchtbare da draußen schon Augen gemacht, als würde er sich im nächsten Moment auf etwas stürzen. Ich weiß nicht, woher ich trotz aller meiner Furcht die Gewißheit hatte, daß dieses Etwas niemals ich sein könnte, aber irgendwie mußte ich dies gefühlt haben, denn sonst wäre mir wohl alle Lust an Späßen vergangen. An Maria dachte ich dabei eigentlich auch nicht, zumindest wollte ich nicht mehr, als sie endlich aus ihrem an mir unbeteiligten Dahocken herausbringen, und so zwickte ich sie schließlich, als alles andere nichts half, in die nackten Waden. Sie war darauf wohl in keiner Weise gefaßt gewesen, denn sie flog mit einem grellen Schrei auf, wobei ihr leider auch sonst noch etwas recht Menschliches passierte. Wenn nicht gerade Montag gewesen wäre, Montage hatte der Strenge mit Vorliebe zu Prügeltagen erwählt, so wäre das ganze über ein allgemeines Gelächter vielleicht gar nicht hinausgekommen. So aber brach er nun mit seinem ganzen Zorn aus, überfiel das arme kleine Götzlein mit seinen groben Händen und schlug und schlug, bis wir alle schon dachten, es wären von ihr nur mehr die leergeschlagenen Kleider vorhanden. Um dazwischenzuspringen war ich nun zu feig, aber als er sie dann noch vor die Klasse hinausgeworfen hatte, wie ein Bündel Stroh, ging ich doch auf ihn zu und sagte weinend vor Wut: „Ich bin schuld, Herr Lehrer, warum schlagen Sie nicht mich?"... „Fahr ab, du Laus!" sagte er, und da wußte ich, daß er ohnedies gemerkt hatte, wer die Ursache zu dem ganzen Vorfall gewesen war. Er machte dies dann auch noch allen klar, indem er, an die ganze Klasse gewendet, immer noch wütend schrie: „Wenn man dieses Mergelchen da einmal anpacken möcht, blieben einem ja so nur mehr

ein paar Hendlknochen in den Fingern."...
Nun durften sie alle laut und in Sicherheit
lachen und taten es auch ausgiebig, während
ich, frech und ohne um Erlaubnis zu fragen,
aus der Klasse ging, um nach Maria zu sehen. O, ich hatte mir allerlei vorgenommen.
Auf den Knien wollte ich bis zu ihr rutschen,
die sicher in einem Winkel wo halbtot und
voll Haß und Rache liegen würde. Meine
neue Namenstag-Schale sollte sie bekommen,
die mit den zwei Schwalben und dem feinen
Spruch. Für ihre Sünden wollte ich jeden
Abend beten, falls ich einmal welche an ihr
wahrnehmen könnte, ach und noch vieles
mehr. Aber dann war es ganz und gar anders. Sie lag nicht im Winkel, und ich hatte
gar nicht einmal Zeit, auf die Knie zu fallen,
so rasch stieß ich auf sie, die knapp an der
Türe stand und – lachte und lachte!!... Ja,
von einem Finger hing ihr ein Stück Nagel
und rann ein bißchen Blut, vom Gesicht rannen ihr noch die Schmerztränen und machten es noch fleckiger, als es so schon war,
aber sie lachte. Natürlich konnte ich ihr da
keine großen Worte von Verzeihung und so

sagen, denn das Lachen war zu überall und zu erleichternd, und schließlich hockten wir dann beide vor der Türe und mußten uns gegenseitig halten, um nicht trotzdem vor Lachen umzufallen. Ich glaube, sie hat es nicht gemerkt, daß ich ihr dabei die wehe Hand geküßt habe. Auch die Schale wollte sie dann später nicht annehmen, erst als sie mir dafür ein Nadelbüchschen geben konnte, behielt sie sie „zum Andenken", wie sie sagte.

So also war Maria. Und deshalb war auch dann das andere möglich, daß ich am Jahresende, als ich in die nächste Klasse sollte, Maria aber noch einmal wiederholen mußte, einfach zu dem Gestrengen ging, um ihn zu bitten, „sitzenbleiben" zu dürfen. Ich setzte mich damit vor der ganzen Schule in Schande, aber das war wenig im Vergleich zu der Vorstellung, die weiteren Klassen ohne Maria durchmachen zu müssen. Das Unbegreifliche – auch jetzt mir noch völlig Unbegreifliche – liegt darin, daß der Herr Lehrer mich seinem eigenen guten Zeugnis zu Trotz tatsächlich in die Klasse zurücknahm, und dabei war ich noch ständig ein Ding, an dem er niemals seinem Zorn freien Lauf lassen durfte. Er bekam im Laufe seiner Prügelpraxis allerlei grobe und zutreffende Namen, aber mir hat er nur einmal weh getan, als er mich vom Katheder schob, wo ich hätte abstauben sollen, und zwar mit den Worten: „Du blinde Krott willst mir wohl meine Uhr zerteppern?"... Ich vergab ihm das erst bei einem Ausflug, wo er ein paar ausgelassen durch den Hohlweg raufende Buben, die mich beinah überrannt hätten, mit Fußtritten auseinandertrieb und sie anschrie: „Könnt ihr denn nicht aufpassen, ihr Rotzlöffel, glaubt ihr, die Kleine da ist bloß zum Niedertreten auf der Welt, hee?"...

So also war das mit Maria, und es wäre wohl anzunehmen, daß sie für das ganze Leben, zumindestens aber bis zum Schulschluß, wie ein Engel ausgedauert hätte. Aber es war dann anders. Sie schon, sie hätte gedauert, das ist gewiß, denn sie war immer weitaus mehr und größer als ich. Nicht, daß ich mich von ihr losgesagt hätte, daran war nicht zu denken, so wie ich sie brauchte, immer noch, aber ich wurde ihr einfach unverständlich. Wir hatten eine junge Lehrerin bekommen. Nicht eigentlich wir, sondern die erste Klasse, für welche das alte Fräulein eben auch schon zu alt geworden war, und so bekamen wir die neue Junge für die Handarbeitstunden. Und sie war schön. Überdies hatte sie Kleider, wie wir sie im Dorfe noch kaum gesehen hatten. Auch gut war sie, wie ganz junge, eifrige Menschen eben gut zu sein pflegen. Alles sollte um sie her besser und gerechter werden, und da sie fand, daß ich bei so manchem wohl ziemlich benachteiligt wäre, fing sie nun an, bei mir Gerechtigkeit zu üben, indem sie mich eifrig und auffallend allen anderen bevorzugte. Sie scheute nicht davor zurück, mich als etwas ganz Besonderes den anderen hinzustellen und so, als wäre es auf einmal ein Vorteil, krank und zerbrechlich zu sein. Natürlich erreichte sie damit nur, daß der Abstand zwischen mir und den anderen ein noch weiterer wurde, aber das merkte sie nicht. Auch ich merkte es kaum, da ich sie und nur sie mehr wahrnahm. Es wurde eine recht arge und süße Zeit. Alle kennen wir diese Zeit, aber zu allen kommt sie auf eigene Art. Es sind die hilflosen und rührenden, aber auch unendlich stümperhaften Anfänge der Liebe. Es ist die Zeit, wo an dem inneren Aufbau des Menschen kein Stein mehr auf dem anderen bleibt. Was da alles zerstört wird, um vielleicht bloß den winzigsten und billigsten Rest eines Neuen zu erhalten, das müßte man einmal bis ins Äußerste verfolgen können, aber vor dem Ergebnis schrecken wir immer noch zurück. Denn wir wollen alle ewig Lernende und Versuchende bleiben, wo es die Liebe gilt. Kämen wir darüber tatsächlich jemals hinweg und fänden dann, daß man entweder liebend ist seit jeher oder es überhaupt nie wird, dann würden wir uns zwar eine Unmenge an Mühe und Kraft ersparen, die wir immer bloß dazu anwenden, um das schon geliebt Geglaubte unliebenswürdig zu finden, aber wir wüßten dann eben mit unserer Kraft und Mühe auch nichts anderes mehr zu beginnen.

Es ist darüber hinaus so wenig Außerordentliches zu sagen, daß ich eigentlich damit genug täte, festzustellen, daß ich damals meine Eltern, meine Geschwister und auch Maria verlor, ohne dafür etwas nur annähernd Gleichwertiges zu erhalten. Zwei Jahre gingen vollkommen darüber hin, diesen längst schon wieder weit entfernten Gegenstand der frühen und unbeholfenen Liebe wie einen Stern zu halten, für den man morgens wach wird und abends einschläft, um vielleicht im Traum die leichte, fröhliche, immer etwas singende Stimme zu hören. Kein besonderer Zustand, und wir machen ihn alle ein oder öftere Male durch. Das Außerordentliche lag nur an der fast bösartigen Ausschließlichkeit meines Herzens. Aber erzählt soll dies nicht um dieser meiner Ausschließlichkeit willen werden, darin läge ja nicht der Sinn, der dem Ganzen zu Grunde erhalten werden muß, sondern die zarte und nachsichtige Schonung, die alle um mich herum bewahrten, darf nicht umsonst gewesen sein. Man darf nicht vergessen, wie hart gerade in dieser Zeit die Not daheim umging. Nie wußte die Mutter, ob das Geld für den nächsten Tag noch ausreichen würde. Der Vater und der Bruder waren schon arbeitslos, die Schwestern fast alle immer ohne Posten, und wenn es an der Tür klopfte, fürchteten wir alle, es könnte ein Bettler sein, der so ein armes Gesicht hätte, daß wir ihm doch noch ein paar von den letzten Groschen geben würden. Trotzdem, sooft ich die Mutter um das Wenige bat, das man für eine Briefmarke nötig hatte, gab sie es mir, wenn sie es nur hatte. Nie nahmen sie sich das Recht heraus, einen der ab und zu kommenden Briefe zu öffnen. Natürlich hätten sie nichts dabei entdeckt als immer wieder die gleichen fröhlichen, freundlichen Worte, mit denen man eben den Ansturm eines allzu heftigen Herzens lächelnd abwehrt. Aber ich weiß, aus meinen damaligen harten Träumen weiß ich es noch, daß ich wie ein kleines wildes Tier geworden wäre, wenn man es mir einmal bloß angetan hätte. Nun, man tat es nicht, man ließ mich auch halbe Tage lang mit dem Schemel auf der Wäschekiste sitzen, um so auf dem Fensterbrett, dem einzig noch freien Platz, schreiben und schreiben zu können. Falls mich doch ab und zu eine der Schwestern ein bißchen necken oder zu einer kleinen Arbeit anhalten wollte, sagte die Mutter mit einem ganz wundervollen, scheuen und zugleich überaus mutigen Lächeln: „Laßt das Kind, sonst vertreibt ihr den Geist." ... Ja, es ist seltsam, aber mit der Zeit gewöhnten sich alle, auch die öfter kommenden Verwandten, daran, von dem „Geist" als wie von etwas wirklich Vorhandenem und durchaus nicht mit Spott Abzutuendem zu reden. Sie verdrehten zwar das Wort ein bißchen, als ob es ihnen sonst zu groß oder zu schwierig im Munde würde, sagten, wenn sie mich schreibend auf der Kiste fanden: „Ist der Guist also wieder da?"..., aber sie traten doch etwas leiser auf, redeten bloß flüsternd über die Neuigkeiten und gingen nicht aus der Türe, ohne mir und dem „Guist" zart und begutend auf den Rücken zu klopfen. Ja, und er war also da, und da er sich angesprochen und gut und schonend behandelt fühlte, blieb er oft lange, ging mit mir um wie mit seinesgleichen, indem er annahm, daß ich nun weder Essen noch Schlaf bedürfte, sondern einfach dazu da sei, von ihm gebraucht zu werden. Aber wie ungeschickt war ich damals noch für diesen Gebrauch! Morgen reimte sich natürlich auf Sorgen, Güte auf Hütte, nur auf Liebe fand sich nicht ein einziger Reim, und so blieb das mir Wichtigste aus. Aber hier darf ich nicht vergessen, daß der Geist – vielleicht in irgendeiner Anwandlung von Dankbarkeit für seine willige Aufnahme – sich einmal für die ganze Familie verwendet hatte. Es war Samstagnachmittag, und am Abend sollte wie an jedem Ersten die Stube bezahlt werden. Ja, die zehn Schillinge waren tatsächlich wieder aufgebracht worden. Etwas hatte der Bruder von seiner Notstandsunterstützung dazu hergegeben, das andere hatte Mutters mühselige Flickarbeit eingetragen, jedenfalls lag nun eine Zehnschillingnote zwischen den Tassen auf dem schiefen alten Küchenschrank. Es war recht still in der Stube, ohne traurig zu sein, denn sicher hätten die Schwestern ein bißchen was gesungen, wenn nicht gerade wieder der Geist zu schonen gewesen wäre. Ich schrieb zum ersten Mal an einer wirklich wunderbaren Geschichte, so dünkte es mich.

Natürlich geschah alles in Indien, und obwohl ich damals keine Ahnung von Seelenwanderung hatte, kam es doch schließlich darauf hinaus, denn zwei junge und wunderschöne Menschen mußten wegen einer Sünde – weiß Gott welcher, auch das wurde nicht klar – noch einmal auf die Welt kommen und hatten es da nun natürlich furchtbar schwer. Ich dachte, wenn ich mit dieser Geschichte, die sicher die schönste Geschichte der Welt werden würde, zu Ende wäre, brauchte ich nur damit zu der Schönen gehen, um sie so damit zu bezaubern, daß sie mich nie mehr von sich gehen ließe. Da klopfte es, und wir erschraken alle, ich am meisten wegen dem Geist, aber er blieb, er ließ sich in keiner Weise stören, obwohl es eine fremde junge Frau war, die um etwas zum Anziehen bat. Aber wir hatten alle so wenig, daß immer eine Schwester von den andern ausborgen mußte, um ausgehen zu können; so wurden auch alle betreten und fast unfreundlich. Nur die Mutter stand von der Nähmaschine auf und preßte aus dem Kaffeesud die letzten Tropfen heraus, schnitt ein

Stück Brot vom schon ganz klein gewordenen Laib und sagte noch ein paar traurige, aber gute Worte. Ich schrieb und schrieb, ließ die Menschen leiden und handeln, ach, es war ja so gut, auf nichts achten zu müssen. Dann ging die Frau. Alle waren sehr erleichtert, nur mein Geist wollte auf einmal nicht mehr recht. Er fand, daß etwas versäumt worden war, daß ich keinen einzigen Blick auf die Arme verwendet hatte, und gab mir einfach keine Ruhe. Nein, er wollte auf einmal nicht mehr bei mir aushalten, und doch lag mir alles dran. Da stand ich auf, stieg von meiner Höhe herab und wollte der Armen, wenn möglich, noch einmal gut nachsehen wenigstens. Ja, und es war dann wirklich noch möglich. Sie stand draußen unter dem Fleischbirnenbaum, als hätte sie bloß darauf noch gewartet. Und wir sahen uns also an. Viel konnte ich mit meinen immer noch kranken Augen ja nicht von ihr wahrnehmen, bloß daß sie da wartete, begriff ich und war ihr von Herzen gut und dankbar dafür. Aber daß sie dann noch einmal zurückkommen würde, hatte ich nicht gehofft. Und so lachte ich sie an, so gut es mir eben gelingen wollte. Sie aber weinte. Ja wahrhaftig, das tat sie. Weinte auf einmal wie ein Kind und hing an meinem Hals und stieß mir ein Papier zwischen die Finger, von dem ich lange nicht wußte, daß es unsere Zehnschillingnote sei. Als ich das endlich begriff, weinte auch ich und mußte mich auf den Brunnenstein setzen, so sehr fuhr mir der Schreck in den Leib. Und dann noch der Kummer, der elende Kummer, daß ich ihr das Geld nicht lassen durfte. Sie aber weinte schon längst nicht mehr um des Geldes willen, sondern weil sie soo schlecht sei, so furchtbar schlecht, daß sie so armen Leuten noch was hatte wegnehmen wollen. „Und wie du mich angeschaut hast mit deinen großen Augen, du Kind du, ich hätte sterben müssen auf der Stell, wenn ich es dir nicht zurückgegeben hätte, schaust ja selbst aus wie der leibhaftige Hunger, o mein Gott, soo schlecht, soo schlecht!"… Nein, hineinführen ließ sie sich nicht, aber Gott sei Dank, ihr Wort hat sie gehalten und gewartet, bis ich wieder herauskam und ihr unser letztes Ei und die beste, allen Schwestern gemeinsame Schürze brachte. Ich hatte nicht viel Zeit gehabt, drinnen alles zu erklären, aber sie konnten ja alle sehen, was ich forttrug, und als der Bruder auffahren wollte, sah ihn die Mutter bloß an, als wollte sie sagen: „Laßt sie, der Geist ist bei ihr!"... Nachdem ich fertig geweint hatte, ging ich wieder hinein, auch die Arme war immer noch weinend fortgegangen, drinnen aber wurden nun alle auf eine so unhemmbare Art fröhlich, als wäre uns die Zehnschillingnote noch einmal und unverdient geschenkt worden. Seit diesem Samstagnachmittag wurde der Geist noch viel mehr geschont und geehrt, denn wenn auch niemand darüber sprach, so weiß ich doch, daß sie alle ihm den glücklichen Ausgang zuschrieben. So war es also auch kein Wunder, daß die großartige Geschichte in sehr wenigen Tagen und, wie mir schien, auf eine ganz herrliche Art zu Ende kam. Nun handelte es sich also nur darum, damit zu der überaus Schönen zu gelangen. Aber das ist eine neue und so schwere Angelegenheit, daß ich noch nicht weiß, auf welche Art ich sie werde ansehen müssen, um mit meinen auch jetzt noch so schlechten Augen jene Stelle zu finden, die mitten in der bitteren Trübsal noch so viel Glanz aufweist, um sie herzeigen zu können.

Vielleicht werde ich tagelang dazu brauchen, stille und ernsthafte Tage, die man mit einem Gebet anfängt und mit einem Gebet abschließt, damit der Geist nicht fortgeht. Freilich, ich müßte eigentlich schon wissen, daß der Geist immer und überall da ist, aber es ist wohl so, daß er nicht immer gleich in uns wirken kann, weil wir ewig unsere Dichte verändern, immerfort noch keinen Stein auf dem anderen lassen wollen, stets die Liebe neu anfangen möchten, auf andere und uns leichter dünkende Art anwenden. Aber es bleibt uns schließlich nichts geschenkt. Ehe wir nicht das Vergangene durchgeliebt haben, auch an seinen trübsten Stellen, haben wir nicht das Recht und damit auch nicht die Kraft, eine neue Liebe anzufangen.

Also werde ich warten, beten und vielleicht auch weinen, bis ich so bin, wie mich der Geist haben will und braucht, um mir an jener ersten und noch immer nicht ganz überstandenen und scheinbar so schlimm ausgegangenen Liebe den Schimmer zu zeigen, der sicher auch darin verborgen war.

Niemand kann mir dabei helfen, auch du nicht, Ingeborg, für die ich dies alles schreibe, denn – wie merke ich das erst jetzt – weit fort habe ich dich stellen müssen, um Raum zu haben für die, die vor dir waren. Nun bist du eine Stelle, an der ich anfangen möchte, aber wie überaus schwierig das sein wird, beginne ich erst langsam zu begreifen. Ja, wenn dieser Unterschied zwischen Freundschaft und Liebe, der immer wieder von so vielen behauptet wird, tatsächlich bestünde, dann wäre es leicht, aber er besteht nicht, zumindest nicht für solche, die ausschließlich in Zu- oder Abneigung leben. Und das ist in den letzten Auswirkungen furchtbar und köstlich zugleich.

*

Es ist ein Wagnis, aber ich kann es drehen und wenden wie ich will, es bleibt mir nicht erspart zu sagen, daß es damals mit einer Lüge begann. Allerdings war sie notwendig, denn so sehr man den „Geist" auch ehrte, man wäre darin doch nicht so weit gegangen, ihm zu erlauben, mich in ein Abenteuer zu führen, das nach menschlichem Ermessen höchstens ein strammer, wilder Junge ohne Gefahren hätte bestehen können.

Da ich mich bei der Lüge völlig im Recht vermeinte, gelang sie mir auch ohne alle Schwierigkeiten und geradezu vollkommen. Es war nichts notwendig als zu sagen, daß ich am nächsten Tag mit einigen anderen Mädchen einen Ausflug machen würde in die Hauptstadt. Da sich der Geist immer nach außen hin recht schweigsam verhielt, war es mit den Worten schon abgetan. Geld oder Wegzehrung verlangte ich nicht – man nahm wohl an, daß dies die anderen aufbringen würden –, und so gab es überhaupt keine Schwierigkeiten mehr. Sehr früh stand die süße, innige Mutter auf, um mir das Frühstück zu richten – ach, aber ich darf jetzt nicht darüber weinen, weinte ich doch auch damals nicht. Mutter! Mutter! Warum vermochten mich deine Hände nicht zu verhalten, damals nicht und später nicht und nie – und nie!?... Solche Hände, über deren fast fürchterlich ernst-edlem Knochenbau nichts mehr als eine Hülle von alter, abgebrauchter, aber immer noch kostbarer Seide gespannt zu sein scheint und deren Adern ausgewachsen und dunkel wie Bäume, die alles schon getragen haben, nach der Herzrichtung hin verlaufen – und das ist nur erst das Äußere. Wer – o, wer denkt solche Hände bis zu Ende aus, ohne daß er darüber fast sterben müßte, weil er sich, den Schicksalslinien seiner eigenen minderen Hände folgend, stets von ihnen entfernt. O, wie sie mir die schwarz und golden gerandete Schale auf den Tisch stellte und das Brot dazu, auf dem wahrhaftig dünn, aber liebreich Butter gestrichen war, und wie sie dann noch ihre Liebe leise und fast wie unerlaubt in meinen Haaren fortsetzte!... O meine Mutter, wenn du dich jetzt auf einem der unbestimmten und noch nicht dir völlig gerechten Ort der Seligen befindest, wo du nur aus einem Versehen und Übersehen hättest hingeraten können, dann hast du nichts not, als denen, die dich umstehen, deine Hände zu zeigen. Halte sie ihnen hin, diese in allen Jahreszeiten der Not und des Schmerzes tragenden Bäume, zeige ihnen die Früchte, lasse sie daran schmecken, und sie werden wie Kinder, die noch nie so fremde, so köstliche Früchte auch nur in Träumen genossen haben, in Jubel und sehnsüchtiges Weinen zugleich ausbrechen. Gib ihnen davon, mache sie satt, du hast es ja danach. Aber dann, wenn sie daran ernährt und erwachsen geworden sind, dann werden sie auf einmal Raum um dich sein lassen, als wäre der Ort nicht mehr zwischen dir und ihnen teilbar, und ihre Einsicht wird dich wie ein Luftstrom weitergeben, hoch, höher, bis du dort bist, wo die großen, die allergrößten Heiligen längst schon deiner warten. Dort dann werden deine Hände endlich auch verhalten können, alles, Himmel, Heilige und Gestirne. Dann vielleicht bleibt auch mein armes Gestirn in den Zweigen deiner unendlichen Liebe hängen, und du kannst da in meinem Herzen fortsetzen, wo ich dich damals unterbrach mit der brüsken Abwendung meiner von dir fortwollenden Stirne. ... Ach, wenn ich alles übergehen dürfte und in meinem „Reu-und-Leid" Aufenthalt nehmen und nichts sein als ein Schatten, der unter deinem Blühen groß ward!... Aber wir haben auszutragen, wie du austrugst, ohne nach den Schmerzen zu fragen.

Damals also ging ich, Kind noch, hart und in Lüge von ihr fort. Es war ein viel längerer und schwererer Weg, als ich es je in meiner Vorstellung für möglich gehalten hätte. Schon nach den nächsten drei Dörfern waren meine Füße wund, und ich mußte die Schuhe in den Händen tragen. Es war gut, daß ich nichts sonst zu tragen hatte als ein altes, abgeschabtes Täschchen mit der mir so herrlich dünkenden Geschichte. Wohl wußte ich noch von der Schule her, daß die Entfernung zur Hauptstadt sechzig Kilometer betrage, aber was sechzig Kilometer in Wahrheit seien, ahnte ich nicht. Wie gut und richtig ich es heute finde, daß keines der vielen schönen Autos anhielt, um das kleine, erschöpfte Mädchen aufzunehmen. Es war notwendig und eine Gnade – wenn man so sagen will –, daß mir kein Schritt, kein Schweißtropfen, kein Durstgefühl erspart geblieben ist. Und dann das andere, auch das war notwendig, daß plötzlich an der Biegung der Straße aus Gesträuch heraus Männer kamen und Dinge sagten, die fremd und furchtbar waren. Und dabei begriff sogar das Kind, daß diese Männer noch zu locken, zu bieten vermeinten, woraus ein entsetzliches Gefühl der Hilflosigkeit entstand, wie immer, wenn innen zarte Naturen in die Lage geraten, Geschenke abweisen zu müssen. Am leichtesten ging es noch da vorüber, als ein Herr im Lederrock sein Motorrad verhielt und dasselbe als die anderen wollte, aber natürlich, da er ein Herr war, viel herrischer und roher, ohne Lockung, ohne Versprechung, einfach mit der Begründung, daß ein Mädchen, das sich auf der Landstraße herumtreibt, dazu da sei. Obwohl er dann auf die bloß stumm starrenden Augen hin, die so wenig und so viel begriffen und ihn abhielten wie eine Mauer, einen entsetzlichen

Fluch schleuderte, einen Fluch, so roh und so nackt, daß die Kindheit darunter zerbrach wie von einem Stein, so war dies doch leichter als früher die frostschleichen Gesichter der Armen, die alle noch etwas wie eine Entschuldigung geflüstert hatten.

Nein, erspart ist mir Gott sei Dank nichts geblieben, und als ich bei Einbruch der Nacht in den Vororten der Hauptstadt angelangt war, war ich bereits so erwachsen, daß ich begriff, wie unmöglich es wäre, jetzt und so an das Ziel zu kommen. Ich war klug geworden, und so tat ich auch das einzig Verständige, daß ich zu dem Mann ging, der meine Schwester Monka noch immer liebte und der mich damals als Kind im Krankenhaus so zu trösten vermocht hatte. Als ich ganz oben im letzten Stockwerk vor seiner Kammertüre stand, war sie aber versperrt, und eine alte Frau, die aus der gegenüberliegenden Kammer trat, sagte, daß der Herr meist sehr spät heimkomme. Ich wollte mich auf den Fußboden setzen, was sie jedoch nicht zuließ, sondern sie nahm mich zu sich hinein, wo schon ein alter und, wie ich wohl merkte, ziemlich betrunkener Mann war. Er nahm weiter keine Notiz von mir, denn er trank noch, und alles roch davon. Hier im Licht erkannte mich die fremde Alte sofort. „Sie sind wohl eine Schwester von Fräulein Monka?"... Ja, und da stellte es sich heraus, daß man Monka auch hier schon lieben mußte, denn sogar der Trinker – er war wohl taub –, dem die alte Frau ins Ohr schrie, daß ich die Schwester von Fräulein Monka sei, hob seinen Kopf, sah mich von unten bis oben an und sagte dann schluckend: „Leg sie ins Bett, fällt uns ja sonst – verdammt – unter den Händen zusammen."... Sie legte mich wirklich nieder, nachdem ich den Kaffee abgelehnt hatte. Dann spürte ich gleich, daß ich Fieber hätte, aber das war gut und auf eigentümliche Art tröstlich. Als der Freund meiner Schwester nach Hause kam, nahm er mich zu sich. Er hatte nicht notwendig, mich viel zu fragen, denn in meinem Zustand war es leicht, klar und nüchtern die Wahrheit zu sagen, ohne dabei nüchtern zu werden. Er schalt nicht, warf nichts vor, sondern machte mir am Fußboden vor dem

Zigeunerherd ein möglichst gutes Bett, zwang mich aber später doch, eine Tasse Heiltee zu trinken und ein paar Löffel geröstete Kartoffel zu essen. Als es schon dunkel war – er hatte das Licht, ehe er sich entkleidete, verlöscht –, sagte er von seinem Bett her: „Schlaf du jetzt nur ruhig, Kind, es ist schon so recht, wie du getan hast, laß es dir nur nie von jemandem ausreden. Willst du, daß wir es der Monka überhaupt sagen?"... Ja, das wollte ich, aus einem dunklen Gefühl heraus, daß diese beiden nichts Verheimlichtes zwischen sich haben dürften. Dann schliefen wir.

Am nächsten Morgen kam der Bruder dieses Mannes. Da er ein eigentümliches Lächeln aufgesetzt hatte, mußte ihm wohl oder übel einige Erklärung gemacht werden. Er tat daraufhin sehr laut mit seiner Begeisterung herum, nannte mich ein mutiges und sonderbares Fräulein, gebrauchte auch viele fremde Worte – nicht immer richtig, wie ich damals schon merkte –, und schließlich bot er sich so dringlich an, mich bis zur Wohnung der Lehrerin zu begleiten, damit mir in dem Großstadtverkehr – wie er sagte – nichts passiere, so daß ich nicht wagte, nein zu sagen. Mit seiner Hilfe fand ich dann allerdings rasch das große Schulgebäude, wo die Eltern der Lehrerin die Schulwartstelle innehatten. Ich war ordentlich gewaschen und gekämmt, ausgeruht und doch nicht entmutigt oder ernüchtert. Es ging alles sehr rasch, denn „Sie" war da, öffnete sogar selbst die Tür und starrte und starrte und stieß dann einen kleinen erschreckten Ruf aus. „Mein Gott, wie kommst du her?"… Nicht aus Abscheu vor einer Lüge, sondern aus der mir völlig notwendig und somit auch berechtigt erscheinenden Berechnung auf ihr Erbarmen hin, sagte ich: „Zu Fuß."… Da erschrak sie noch viel mehr, ja, sie wurde merklich bleich trotz des herrlichen, mohnroten Seidenkleides, das sie trug. „Aber das ist ja furchtbar!" sagte sie und zögerte noch, nahm mich aber endlich doch aus der Türe fort zu sich hinein. Und da mußte ich nun wohl merken, daß ich zu einem Fest zurecht gekommen war. Ein Tisch voll – mir außerordentlich fein und nobel erscheinender – Menschen, eine Handvoll Menschen nur – aber Fremde, Fremde, Fremde. Und sie gehörte dazu, denn es waren ihre Eltern und Bekannten, und man feierte die silberne Hochzeit. Nicht großartig, ach, es gab sogar eine völlig verrußte Kaffeepfanne, welche wie ein Messer in mein Herz schnitt, hatte ich doch angenommen, alles um diese Schöne müßte auch schön und herrlich sein. Dann redete sie zu allen und so, als ob ich gar nicht da wäre, als ob sie das bemitleidenswerte Schicksal eines fremden und irgendwie verstoßenen Kindes erzählen würde. Ich begriff wohl, daß sie jetzt, so wie ich früher, aus Berechnung so sprach, denn es war notwendig, diese alle irgendwie über die Störung aufgebrachten Gesichter umzuwandeln in lauter Güte und Mitleid. Es gelang ihr auch ziemlich rasch; die alte Frau, ihre Mutter, schob noch einen Stuhl ein, auf dem ich mich neben meine Schöne im Mohnkleid setzen durfte. Dann gab es Kaffee und Torte – es schmeckte nach nichts, gab auch Blicke von allen Seiten, auch sie schmeckten nach nichts, nur wenn die Augen meiner Schönen, die noch immer vor Schreck fast ein wenig schielten, zu mir kamen, dann schmeckte es wie eine Frucht, auf die man sich lange gefreut hat und welche man schließlich doch noch zu früh und halbreif – im bitteren Zustand noch – anißt. Während ich den Rest der Torte langsam und mit Überwindung verzehrte, kam einer auf den Einfall, an Ort und Stelle eine Sammlung zu veranstalten, um das Geld für meine Heimfahrt aufzubringen. So eilig hatten sie es. Aber er drang nicht durch, ich glaube, sie waren alle recht arm und hatten ihr meistes Geld an die großartige Feier verwendet. Es blieb meiner Schönen also nicht erspart, den Abschied – nein, die Verabschiedung – allein bewältigen zu müssen. „Komm, Kleine!" sagte sie und nahm mich den darüber wunderbar Erleichterten und nochmals so wohlwollend Gewordenen wie ein Ding fort, führte mich über einige Stiegen in ein Dachzimmer, das mir viel zu elend dünkte, um ihr Zimmer zu sein. Aber es war doch das ihre, sie bezeugte das mit ein paar fast stolzen Worten, lud mich aber nicht ein, Platz zu nehmen, sondern trat an einen winzigen

Bücherschrank, von dem sie nach langem Suchen ein dünnes Buch herausnahm. „Siehst du, das schenke ich dir, damit du nun immer ein Andenken an mich hast. Du darfst aber nie mehr so etwas – etwas – anstellen, nein, ich komme ja auch morgen schon fort, irgendwohin, verstehst du, ich weiß noch nicht, wo. Aber jetzt hast du ja dieses schöne Buch, nicht wahr..." ... „Ja", werde ich wohl gesagt haben, denn man sagt ja fast immer „ja", wenn man „Nein! Nein!" schreien möchte. Auch war jetzt wohl der Moment, ihr meine Geschichte zu geben. Sie machte, nachdem sie die Aufschrift gelesen hatte, ein mühsam ernstes und bewunderndes Gesicht und versprach, die reizende Sache einmal in einer besonders schönen und geruhsamen Stunde zu lesen. Dann brachte sie mich wieder bis zur Gangtüre. Draußen an einem kleinen, runden Turm, der lauter Plakate aufgeklebt hatte, stand ich nun und wartete. Worauf?... Ach, ich wußte es nicht, bloß daß zu allem das richtige und nötige Ende noch abzuwarten wäre, war mir ganz gewiß. Und dann kam es auch. Streng, folgerichtig, unerbittlich wie jedes absolute Ende kam es. Der Herr, der früher drinnen die Geldsammlung vorgeschlagen hatte, stand vor mir. Ich mochte ihn wohl angestarrt haben wie einen Boten, der mich doch noch einmal und in den richtigen Festsaal berufen würde, denn er sprach hastig und verärgert, trotzdem er sich bestimmt vorgenommen hatte, gütig zu sein. Er sagte: „Mein Fräulein, Sie müssen jetzt aber schleunigst sehen, wie Sie wieder heimkommen, ich bin nämlich von der Polizei und müßte sonst leider die unangenehme Pflicht auf mich nehmen, Sie auf eine Polizeistation zu bringen, von wo aus Sie dann per Schub heimgeschickt werden würden. Verstehen Sie mich? Sie dürfen das Fräulein Lehrerin nicht weiter belästigen."... Ach, ich begriff ihn schon, ich war ja soo klug geworden und konnte ihm deshalb auch dreist sagen, daß ich nur auf meinen Herrn Schwager warte, der mich wieder heimbringen würde. „So, so!?" sagte er, ging aber doch fort und konnte dann, als er sich vor dem Gebäude noch einmal umwandte, tatsächlich einen Mann bei mir stehen sehen. Es war Herr Alex, der mich hingebracht hatte. Er fragte nach nichts. Nein, er konnte zwar Fremdworte selten richtig gebrauchen, aber das Gefühl seines Herzens gebrauchte er schön. Ich bin überzeugt, er wollte mir wohl, indem er mir einen Gang in den ziemlich nahen Höhenpark vorschlug, darin – aber das wußte ich damals natürlich nicht – alle Liebenden der Stadt sich zu treffen pflegten. Während wir an kleinen Teichen vorübergingen, erzählte er mir lustige und übertriebene Geschichten aus seiner Zeit in Marokko, wo er einige Jahre als Fremdlegionär verbracht hatte. Später wurde er still und verlangte zu sitzen, als wäre er müde. Ich war es wirklich und wäre vielleicht auch eingeschlafen, wenn ich noch das Kind vom Tage vorher hätte sein können. So aber war immer eine seltsame Furcht zur Hand, welche den Mann vor mir beobachtete. Ich weiß nicht, ob die Furcht im Recht war. Vielleicht wäre es gut gewesen, seine so auffallend ungeschickt getarnten Zärtlichkeitsversuche hinzunehmen? Vielleicht wären mir dadurch spätere und eigene Versuche dieser Art erspart worden? Wer weiß dies?... Aber ich konnte noch nicht, ich war an allen Stellen noch nur Furcht und Abscheu. Da gab er es auf. Nicht roh, nicht mit einem Fluch oder irgendwie verächtlich, nein, ganz schlicht und einfach gab er es auf, indem er sagte: „Sicher werden Sie schon Hunger haben, gelt ja, gehen wir also."… Er brachte mich in die Stadt zurück, recht schweigsam, aber eigentlich nicht verstimmt. In einer sehr großen Halle einer billigen Volksküche aßen wir zu Mittag. Suppe, Fleisch, Salat. Als er merkte, daß ich mit Messer und Gabel schlecht umging, sah er fort, bis es vorüber war. Dann bezahlte er mit dem wenigen, was er hatte. Sicher mußte er dafür einen Tag ohne Mittagessen verbringen, denn er lebte davon, irgendwelche billigen Hefte zu verkaufen. Als er mich in die Kammer zu seinem Bruder zurückbrachte, war auch Monka dort, die sich für diesen Tag von der Gnädigen freigebeten hatte. Sie umarmte mich, schalt mich zärtlich „dummes Hühnchen!" und hatte schon die Fahrkarte für mich besorgt. Alle drei brachten mich dann später zum Zug und taten fröhlich, als hätte ich wirklich einen wunderschönen Ausflug hinter mir. Ich wußte, daß es unnötig war zu bitten, nichts von allem nach Hause zu schreiben. Es war eine lange Fahrt, und sie wurde nicht kürzer dadurch, daß ich das geschenkte Buch zu lesen versuchte. Es hieß „Liebe im Mai" mit dem Untertitel: „Eine reizende Geschichte für Backfische."... Aber es war so wenig Reizendes darin, schien mir; die Herren Offiziere und die Mädchen in den Matrosenkleidern und langen blonden Locken, man konnte sie in verschiedenen Bildern bewundern, reizten höchstens zum Lachen. Aber nicht einmal das konnte ich, und so fing ich an nachzudenken, wem ich dieses Buch schenken könnte. Ich verfiel auf Maria, verwarf den Gedanken aber wieder, da diese ja nie Zeit haben würde, darin zu lesen. So blieb dies dann unentschieden.

Auch daheim wurde ich um nichts gefragt, und meine eigene Stummheit schrieb man, wie immer, dem „Geist" zu, aber darin täuschten sie sich. „Er" war nimmer da, war irgendwo, vielleicht noch in der indischen Geschichte, und lag nun mit ihr in der etwas dürftigen Kammer der Schönen oder war sogar indessen schon von dieser verbrannt worden. Wer weiß es?...

*

Nun gäbe es natürlich noch viele größere und ernstere Bilder zu zeichnen, denn das war ja nur der erste Anfang, und keines Menschen Leben begnügt sich damit, an solch lächerlichem, verbogenem Beginnen halt zu machen. Immer treibt es uns weiter von Erlebnis zu Erlebnis, von denen jedes einen winzigen Stein des späteren Mosaiks bedeutet, aber das durch alles hingehende Grundmotiv, die Stammfarbe sozusagen, ist schon in den ersten Anfängen festgelegt für immer. Hier entscheidet es sich schon, ob wir letzten Endes zu den „Liebenden" oder zu den „Geliebten" eingereiht werden würden. Zwischenstellungen gibt es nicht. Die Liebenden tragen als Erkennungszeichen ein ewig offenes Herz, in welches sie immer neu den

Gegenstand ihrer Liebe einzuzeichnen versuchen. Sie müssen, da die Gegenstände alle der Flüchtigkeit unterworfen sind, ewig umlernen, und das macht, daß so wenige von ihnen je tatsächlich zu einer wirklichen Meisterschaft kommen. Immer, wenn sie die erste Linie erst eingesetzt haben, fürchten sie schon, es könnte sich ihnen unter der Hand gleich wieder verwischen, oder fürchten gar dies – und daran scheitern die meisten! –, daß sie vielleicht, o mein Gott, jetzt um eine Kraft, eine schöne Linie zu viel ausgäben und dies ihnen dann bei der nächsten schon sicher erwarteten, für ein Neues notwendigen Zeichnung abgehen könnte. Darum gibt es so wenig wirklich erfolgreich Liebende und nicht etwa, weil die Geliebten nicht vorhanden oder nicht würdig vorhanden wären. Diese sind schon da, immer und überall, und würdig ist überhaupt jedes Ding der Liebe. Aber wenn ich Näheres gefragt würde – Näheres über die Geliebten meine ich –, so gerate ich in Verlegenheit, denn diese stehen in den anderen Reihen, und viele Wasser trennen uns voneinander.

Noch nie, auch unter den Engeln nicht, sind Brückenbauer aufgestanden, welche die hohe Aufgabe zu übernehmen gewagt hätten, hier Verbindungsstellen aufzubringen. Wünsche sind nichts – viel zu schwere Dinge – und sinken bei den ersten Schritten schon ein. Sehnsüchte sind vielleicht leichter, aber sie ermüden zu rasch. Gebete, hinübergesandt, geben fast alle jäh die Richtung auf, um von deutlicher Verlangenden – denn: Geliebte zeichnen sich vor allem, glaube ich, dadurch aus, daß sie nichts verlangen – angezogen zu werden. Die aber, welche dann und wann doch ankommen – ich rede von den Gebeten –, sind denen drüben so unverständlich, daß sie ihnen bloß zusehen wie zufällig angeflogenen Vögeln, denen man winzige Abfälle hinhält und verwundert ist, wenn sie nichts davon annehmen.

Jedes Herz ist schon nach außen hin eine verbogene Rundung mit einer bitteren Spitze nach unten. An dieser Kontur läßt sich nichts ändern. Aber die Zeichnung innen kann mildern, und darauf kommt viel an.

Ich zeichnete für dich, Ingeborg, die Armut. Ich hoffe und bete, es möge mir gelungen sein, ihr scheuestes, seltenstes und auf eine Art so süßes Gesicht anzudeuten. Oder kannst du vergessen, wie Luzie zurückstand, wie Martina ihren Fluch lächelnd abtrug, wie Maria Unrecht geduldig auf sich nahm?... Kannst du, kannst du wirklich noch *ein*mal in deinem Leben darüber fortdenken, wie die Hände meiner Mutter auch fortgeschoben noch heil und heilig blieben und schwer waren wie Bäume vor dem Fruchtfall. Kannst du – Edle von – je noch einer armen, verarbeiteten Frau begegnen, ohne ihre Stirne und ihre Augen daraufhin anzusehen, ob sie nicht schon Male trügen, die später dann die Seligen erschrecken würden und die äußerst Heiligen Raum schaffen lassen ganz innen in ihrer Mitte, wo nur das Heilste Zutritt hat... Kannst du *das*?...

O mein Gott, wenn mir nun meine Herzzeichnung nicht gelungen ist, wenn ich es nicht vermochte, deinen entsetzten Aufblick bei dem Wort „Armut" umzuwandeln in ein fast schmerzliches Erwarten, auch einmal arm sein zu dürfen, – dann, meine Schöne, bin ich wohl nicht mehr wert, als daß auch *du* das nächste Mal – es wird, wie du weißt, an meinem 33. Geburtstag sein –, mich mit einem kleinen „Andenken" für immer von dir verabschiedest.

Ich werde dann wieder einmal aus einer Kindheit – o, es gibt deren immer wieder welche! – erwachsen werden.

Draußen vor der Zimmertüre wartet – ich spüre es bis herein – die schwarze Katze der Hausfrau. In den Wäldern ist die Zeit der Muttergottestränen zwar vorüber, aber wir – „Ewig-Liebende" – schaffen uns die Gezeiten nach Bedarf, darin ließ uns Gott freie Hand, wenn wir auch sonst in allem an euch gebunden sind, die ihr jenseits steht.

O, wie *über*klar die Herzspitze nach unten weist. Eine fraglose Deutung in Einsamkeit hin. Betrachte die Zeichnung, nimm dir Zeit hierfür, und du wirst sehen – und es wird dich beruhigen (fürchte ich) –, daß dir keinerlei Erwartung aufgebürdet worden ist.

Engel gehen auf Erden um – wenn man die auf einer Linie Vollendeten so bezeichnen will –, aber ihre Aufgabe ist es nicht, menschlich zu werden, sondern sie haben bloß zu zeigen, daß auf Erden „Vollendungen" überhaupt möglich sind, auch für jene, die nach einer alten Schrift so schwer in das Himmelreich eingehen wie ein Kamel durch ein Nadelöhr. Das ist ein sonderbar schweres Wort, wenn man annimmt, daß damit nicht die äußerlich Reichen bloß gemeint sind, sondern vielleicht auch und gerade jene, die innen allen Reichtum haben... Aber laß dich nicht bestürzen, bedenke, daß ich voreingenommen bin von dem Vorsatz, für jegliche Armut zu reden. Bedenke dies, und vollende dich dann trotzdem weiter, indem du vor den Bildern der Armut nicht mehr in Furcht gerätst.

Mehr als diese Bitte kann ich für dich und mich nicht mehr tun.

am 24.6.48.
Chr. L.

Zu Textgestalt und Textgeschichte

Der vorgelegte Text – bzw. die beiden mit den Daten 22.6.48 und 24.6.48 versehenen Texte, die aber so zusammengehören, daß sie einen Text bilden – trägt keinen Titel (der Titel wurde vom Verlag vergeben). Da er auch keiner Gattung wirklich zuzuordnen ist, wird er im folgenden als ‚der Text' bezeichnet.

Er liegt als Typoskript vor und enthält eigenhändige Korrekturen, die aber in ihrer Spärlichkeit und Geringfügigkeit keine konsequente Überarbeitung verraten.

In seine vorliegende Gestalt wurde außerordentlich zurückhaltend eingegriffen; es soll ein ungebrochener Leseprozeß, nicht ein reibungsloses Lesefunktionieren ermöglicht werden.

Um der Authentizität willen wurde in keinem Fall am Wortlaut oder an den Satzkonstruktionen (so blieben gelegentliche ‚Unsauberkeiten' wie „zumindestens", „zu Trotz", „inniger wie" usw.) oder der Texteinteilung etwas geändert. Auf die Setzung des Apostrophs bei Verkürzungen wurde als Korrektur verzichtet.

Die Korrekturen betreffen Interpunktion und Orthographie; es läßt sich auch nach genauer Prüfung in den Regelverstößen kein System erkennen. Man darf wohl vermuten, daß auch für das praktisch durchgängige Fehlen der Kommata bei Aufzählungen keine bewußte Handhabung vorliegt, aber es geht durch die ‚Berichtigung' gelegentlich ein möglicherweise auch von ihr gehörter schwebender Klang verloren (wenn z.B. „Sonne Vögel Wind Blumen" als Merkmale eines Raumes, eines Ganzen, in die simple Aufzählung „Sonne, Vögel, Wind, Blumen" gedrückt werden). Auch ein im Schriftbild erhörbares Sprechen, wie bei „Sammt", „seltsamme", „darinn", „Eckel", „erschrack", „Spittalshemd", „Spagattschnur", „Schemmel", vielleicht auch bei „Spil", „schlißlich", „villeicht" wirksam, fällt durch die Berichtigung weg.

Die übrige Zeichensetzung wurde zu gewissen Vereinheitlichungen hin geändert. Zwei oder fünf Auslassungs- bzw. Fortsetzungspunkte wurden zu dreien. Sie blieben auch nach einem anderen Satzzeichen erhalten („!..."). Es blieb bei manchen Zeichenhäufungen („Denke: –"). Bei gleichzeitiger Benutzung von Kommata und Gedankenstrichen für Parenthesen allerdings wurde den Gedankenstrichen der Vorzug gegeben.

Korrigiert wurden außerdem die Verwechslungen der Dativ- und Akkusativpronomen, Fehler in der Getrennt- und Zusammenschreibung sowie der Groß- und Kleinschreibung („die Anderen" in die anderen, ebenso Niemanden, Keinen, Beide usw.) – jeweils nach eingehender Prüfung des Inhalts oder des möglichen Inhalts.

Hervorhebungen (im Typoskript meist durch Unterstreichung gekennzeichnet) wurden im Druck kursiviert.

Der Text stammt aus dem Nachlaß von Frau Ingeborg Teuffenbach-Capra, Brenner-Archiv, Innsbruck. Ingeborg Teuffenbach wurde 1914 in Wolfsberg geboren, übersiedelte 1951/52 nach Innsbruck, lebte dort bis zu ihrem Tode im September 1992. Sie hat als Organisatorin (Jugendkulturwochen,

Innsbrucker Wochendgespräche, Mitgründung der Literaturzeitschrift INN) und Berichterstatterin (vor allem in der Tiroler Tageszeitung und im Radio mit kurzen Beiträgen bei RAI Bozen) literarisches Leben in Tirol gefördert.

Veröffentlicht hat sie in der Nazizeit Gedichtbände affirmativen Inhalts, später, ohne daß Reminiszenzen erkennbar sind, einen Lyrikband, Beiträge in Lyrikanthologien und Kinderbüchern sowie Hörspiele (Hörspielpreise). Postum erschien der Lyrikband ‚Positionen'.

1989 kam ihr Buch über Christine Lavant auf den Markt. Auszüge aus dem Text sind über das ganze Buch verstreut – allerdings: der Text als solcher wird gar nicht erwähnt. Er dient – im übrigen häufig falsch zitiert – dazu, Belegstellen zu liefern, und wird dann als aus „Papieren aus Heften und Schulbüchern", aus „einem Brief", aus „einer ihrer frühen Mitteilungen" u. a. ‚nachgewiesen', z. T. sogar als „undatiert". Das hatte schon Folgen: Die in „Kreuzzertretung" von K. Hensel unter 'Briefe' aufgenommenen „drei

Dokumente ohne Datierung" an Ingeborg Teuffenbach sind Textstellen aus diesem Text.

Ein handschriftlicher Brief Christine Lavants ist über Datum und Inhalt als Begleitschreiben zum Text zu erkennen. Es soll hier nicht fehlen (keine Veränderungen):

am 22.6.48.

Liebe Frau Ingeborg!
Da wir beide von der Ernsthaftigkeit, des Wortes „Freundschaft" überzeugt sind, bedürfte es vielleicht keiner Entschuldigung, für das was ich Ihnen hier übersende, aber immerhin – es ist möglich, daß wir noch verschiedene Begriffe von „Ernst" und „Schwere" haben.
Ich darf Ihnen aber nicht zumuten, auf eine Bindung einzugehen, von welcher Sie nicht ganz genau wissen, was damit gebunden oder entbunden wird.
Vielleicht kommen Sie – und es wäre jetzt noch früh genug, – nun zur Überzeugung,

daß mein Verstand nicht außerordentlich, sondern einfach nicht mehr in Ordnung ist.
Ich rede Ihnen mit keinem Worte zu.
Wenn Sie nicht wollen daß ich wiederkomme, so schreiben Sie mir gelegentlich einige Worte. Wenn nicht, dann sehen wir uns, wie verabredet am 5.7.
Freundlich und herzlichst
Ihre

Christl H.

Nachwort

Die Beziehung zwischen Christine Lavant und Ingeborg Teuffenbach stand im Juni 1948 an ihrem Anfang und war eigentlich noch eine ‚Siez-Beziehung': der Begleitbrief Christine Lavants vom 22.6.48 zum Text spricht von „Frau Ingeborg" und „Sie" und zeichnet mit „Christl H.", H. für Habernig, ihren Ehenamen. Der Text hingegen spricht „Ingeborg" direkt mit „du" an und ist gezeichnet mit „Chr. L." für Christine Lavant, dem nicht lange zuvor angenommenen Künstlernamen. Erst im Herbst duzten sie sich dann wirklich. Im Bereich der Literarität stellt Christine Lavant die Beziehung also vor ihrer realen Zeit her.

Aus Briefen Christine Lavants geht hervor, daß es dann bald regelmäßige Termine gab und daß meist sie die Besuchende war. (Die Briefe Ingeborg Teuffenbachs haben sich im Nachlaß von Christine Lavant nicht gefunden.)

Im Text kommt Ingeborg Teuffenbach als Schreibende überhaupt nicht vor. Sie ist die

„Schöne" und wird zum Inbegriff für eine bestimmte Seite der Welt: Haus, Garten, Kinder und die Fähigkeit, „Brücken zu bauen" zwischen dieser wohlgeordneten Welt und einer chaotischen, elenden, ergeben das Gegenüber, das Christine Lavant als Erlösung aus dem Kreis ihrer „Selbstzerstörung" sucht und erlebt.

In verschiedenen Gedichten (unveröffentlicht), die Christine Lavant im ersten Jahr der Beziehung an dieses neue Gegenüber gerichtet hat, wird – dazu lädt auch die Gattung ein – anhand der Beziehung eine ganze Kosmologie entworfen: „Voll Inbrunst hältst Du mich dem Absturz ferne / die sichre Richtung dieses Da-seins preisend / mit Deiner Schönheit magisch milder Macht. / Wie zart erhellst Du meine schwere Nacht / mir immer neu den wahren Himmel preisend / darin wir kreisen dürfen, Staub und Sterne. // Dein Maß ist edel und in sich vollendet ..." ‚Wir' – das sind Christine Lavant und Ingeborg Teuffenbach, und jene ist der Staub und diese die Sterne. Während das Du die Dinge „ins Helle" verwandelt, befällt sie „mein

Dunkles", während es seines „Geschickes / ernsthafte Sendung ganz heil zu erhalten" weiß, geht sie „zu Grund" oder kreist um es wie „eine Unerlöste". Die Dualisierung, die Selbsterniedrigung und Fremderhöhung, die durchaus auch in Richtung der Topologie des Minnesangs aufgefaßt werden kann, schafft ihr eine Position und die Vorstellung, teilzuhaben an einem größeren Ganzen. Noch 1956 schreibt sie an Ingeborg Teuffenbach, diese sei ein „Geschöpf in dem das Gesetz so herrlich und gütig zugleich ausgedrückt ist, daß jeder Wildling es sehnsüchtig anerkennen muß".

Immer blieb es das „Gesetz", das sie anzog, die „sichre Richtung", und diese Begriffe deuten auf ein zentrales Bedürfnis nach sinnvoller Gefügtheit auch ihres eigenen Lebens hin. Im Text versucht sie, das Gesetz in ihrem Leben auszumachen und zu beschreiben. Dazu muß man sich ganz auf ihre persönlich geprägten Worte einlassen und auf Zusammenhänge, die sich oft erst in weiten Bögen erschließen. Der Begriff „Armut" wird mittels einer Gefühls- oder Bedeutungsetymologie („Arm der Mutter") mit anderem Inhalt belegt: statt für den desolaten materiellen Zustand zu gelten, entsteht er für einen Raum, der der Liebe offen steht; in gleichem Sinne gilt der Begriff „heilig" für den Zustand einer inneren, positiven Leere, die das Freisein von „Furcht" und „Selbstzerstörung", von Resignation und Verbitterung wie auch von Ambition und Berechnung ist. Christine Lavant gestaltet so eine Perspektive, die es ermöglicht zu erfahren, wie die ihr nahegehenden Personen aus dem eigenen Schicksal heraus etwas gegeben haben und wie diese Zuneigungen integrierende Momente gegen das Ausgeschlossensein und entscheidende Kraft der Lebensbewältigung werden konnten.

Da der Begriff „schön" von ihr selbst über die ästhetische Kategorie hinausgehend für ‚gut', ‚richtig' verwendet wird, muß sie andererseits die Identifikation von „arm" oder auch „krank" mit ‚schlecht' aufbrechen. An die Angst, mit der Armut identifiziert zu werden, ‚schlecht' zu sein, wird sie mit Ingeborgs „entsetzten Augen" erinnert. Sie sieht aber jetzt im nachhinein den „Schimmer", den sie selbst während des Erlebens von Benachteiligung auch gar nicht so erfassen konnte, und diese Besinnung auf ihr ‚Werden' ist der Versuch, den Anschluß für eine Zukunft herzustellen.

Während Christine Lavant im ersten Textteil ihre Schwierigkeit, sich selbst anzusehen und anzunehmen, in ein Bildgefüge faßt, sieht sie sich in den Abschnitten des zweiten Teils in einer Vergangenheit sehr genau an, wobei die Sprache vom Ton der ‚Erfahrenen' zu dem der ‚Erfahrenden' wechselt. Es geht um „Stücke" ihres eigenen Lebens. Auf formaler Ebene kann man in Luzie ihre Schwester Luise (1911–1967), in Monka ihre Schwester Antonia (1907–1978) und in Josa ihre Schwester Josefine (1901–1991) wiedererkennen. Dabei wählt sie jedoch nicht die wirklich zwischen den Geschwistern gebrauchten Kosenamen, sondern geht den Schritt in Richtung Fiktion, wie sie ja auch die ‚Lebensgeschichten' mit einer bestimmten Absicht erzählt und in entsprechende Formung bringt. Eine „Geschichte" und die Lehrerin gab es auch, aber ob diese ein mohnrotes Kleid trug? Man erkennt, wie bestimmte Lebensumstände in Folgestrukturen nachhaltig wirken: Man ahnt die tiefen inneren Verletzungen, die ihr, die viel krank und davon auch gezeichnet war, durch das Anders- und damit Ausgeschlossensein immer wieder entstanden; erlebt, wie das Bemühen der anderen das Gefühl des Ausgeschlossenseins ebenso lindert wie noch verstärkt; begreift die „böse Weisheit", die Benachteiligung auch zweckhaft einzusetzen. Sie bleibt unweigerlich außergewöhnliche Person, und es deutet sich schon an, daß daraus auch der ihr zugestandene ‚Kunst-Raum' mit dem „Guist" resultiert, zu dem sie ein gespaltenes Verhältnis bewahren sollte (so ihr bekannter Satz „Kunst wie meine, ist nur verstümmeltes Leben" aus dem Brief an G. Deesen vom 27.3.62).

Spannend ist, daß Reflektiertheit Teil dieses Schicksals ist. Richten sich also ihre Beobachtung und Auseinandersetzung auf ein Geliebt- oder Verlassensein, ein Enttäuscht- oder Angenommenwerden, eine kindlich-ungebrochene oder eine bedrohliche Situation, so entstehen in ihrem Schreiben verschiedene Tonarten wie Verzweiflung, Zynismus, Ironie, Humor, Wehmut und nicht zuletzt das Prinzip der Entlarvung ‚ganz nebenbei'. Immer ist die Sprache hintergründig – distanziert und nah zugleich.

Es erstaunt, daß ein Text dieser Komplexität und nachweisbaren motivischen Bezüge in einem derart kurzen Zeitraum geschrieben worden ist; zumindest der zweite Teil wird vom 22.6.–24.6. entstanden sein. Es gibt viele Verknüpfungen, von denen nur wenige genannt werden sollen: der einleitende Teil wird abschließend wieder aufgenommen (z. B. im Motiv des Brückenbaus und im Motiv der möglichen ‚abfälligen' Behandlung des Hingehaltenen, des Geschenkes); der Begriff des „Stückwerks" gilt für den Text wie für sie selbst; „Mut", „böse", „innen und außen" usw. kommen in diversen Ableitungen immer wieder vor. Manches mag in ihr gelegen haben, vielleicht schon als Formulierung, jedenfalls scheint man auf ein Denken in bestimmten Gedankenfeldern und Wortfeldern schließen zu dürfen.

Als ‚Anfänge ihres Schreibens' nennt der Text Briefe an eine Lehrerin und die für sie geschriebene Geschichte, die dann unter großen Mühen wie eine Liebesgabe überbracht wird. In Analogie dazu wird der Text mehrfach als „Geschenk" bezeichnet. Er stellt damit dem ‚Schreiben aus dem Leiden' eine andere Möglichkeit an die Seite: Es entsteht auch aus der Kraft des Entschlusses, den „entsetzten Augen" eine eigene Sicht entgegenzuhalten, um nicht an der darin ausgedrückten Zuordnung zu zerbrechen, die sie doch auch selbst bedrängt. Und es entsteht aus der Kraft der Absicht, auf eine Person zuzutreten, um sie zu gewinnen. Christine Lavant will nicht, daß der Text nebenbei gelesen wird, sie beschwört die Ernsthaftigkeit der Beziehung, und wenn diese so nicht erwünscht ist, braucht Ingeborg sie auch gar nicht erst wiederzusehen. Ihr Du-Begriff ist ebenso sehnsüchtig wie radikal: am 19.7.48 schreibt sie an Ingeborg Teuffenbach: „Wasser sollen wir einander sein worein wir unsere alle fremde Landschaft legen, damit wir sie endlich zu sehen bekommen", am 29.10.48:

„Ich bin maßlos in allem. Aber wenn ich – (vorausgesetzt daß ich es könnte!) – mich änderte d. h. plötzlich ein Maß annähme, glaube mir, es käme nur Verlust überall dabei heraus." Ingeborg wird funktional eingebunden: sie ist als ‚Geliebte' Nachfolgerin der Lehrerin, und soll darüber hinaus als Bezugsperson Nachfolgerin aller derer werden, von denen Christine Lavant Liebe erfahren hat.

Der Begriff „Herzzeichnung", das Bild von Umriß und Inhalt, kennzeichnet die literarische Form: Wie Christine Lavant im einleitenden Teil ankündigt, läßt sie in den ‚Geschichten' genau die Welt entstehen, die entstehen soll – um Ingeborg die Furcht vor der Armut zu nehmen, damit sie nicht zurückweicht und von ihr geht.

„Ich möchte für Ingeborg etwas schreiben." Dieser erste Satz enthält neben seinem ebenso persönlichen wie pragmatischen Klang bereits die konstituierenden Elemente des Textes: gleich anfänglich kann man als Anlaß die Beziehung zu einer Ingeborg sehen, erlebt dann, wie das Ich sich dieser im Schreiben mitteilt und öffnet, ihr zugleich aber auch mit dem Text-Geschenk einen Platz im eigenen Leben zuschreibt. Akzeptanzproblem und Selbstvergewisserung liegen dicht beieinander.

Der Text hat vielleicht auch deshalb eine Schreibenskraft, weil er in die Zeit fällt, als einige Veröffentlichungen in Vorbereitung waren. Seit 1945 hatte sie in Victor Kubzcak einen Verleger gefunden, der sie auch beriet, und 1948 erschien die Erzählung ‚Das Kind', 1949 dann der Gedichtband ‚Die unvollendete Liebe' und die Erzählung ‚Das Krüglein' in seinem neugegründeten Verlag.

Sie wollte schreiben, und sie wollte veröffentlichen.

Dieser Text allerdings war nicht zur Veröffentlichung gedacht; sie hat ihn nicht an einen Verleger, sondern an eine private Person, an Ingeborg, geschickt. Man erlebt in dem Text ein Stück Christine Lavant, ebenso authentisch wie fiktiv. Auch die Adressatin ist einmal direkt angesprochen, einmal erzählt. Brief- und Prosaelemente vermischen sich, was einen spezifischen Reiz ausmacht.

Vielleicht war der Text für Christine Lavant sogar etwas wie ein Stück Werk. Für uns gewinnt er etwas beinahe Einführendes: in eine Art, Sprache persönlich zu fassen und Erfahrungen abzuschreiten, in die Kraft- und Gegenkraft-Gespanntheit einer unalltäglichen Person, in einen Begriff vom Menschlichen, der einem „auf das Herz zukommen" kann.